Über dieses Buch

Die hier vorliegende Sammlung von Gleichnissen entstand zu großen Anteilen schon in den Jahren 2002 bis 2005 und wurde im Jahr 2008 durch passende Grafiken ergänzt. Die Texte sind im Jahr 2016 erneut gesichtet, vollständig überarbeitet und für diese illustrierte Erstausgabe um einen Prolog und einen Epilog erweitert worden.

Über die Autorin

Die Autorin wurde 1968 in Hannover geboren und studierte nach Abschluss einer kaufmännischen Lehre von 1990 bis 1996 in Freiburg im Breisgau Bildende Kunst, Deutsch und Französisch auf Lehramt. Ihr ständiges Fernweh und ihre Neugier, andere Kulturen kennenzulernen, führten sie zu zahlreichen, oft mehrmonatigen Auslandsaufenthalten in Übersee. Die Autorin lebt heute in ihrer Wahlheimat Berlin, hat einen erwachsenen Sohn und unterrichtet im öffentlichen Schuldienst. Außerdem arbeitet sie als freie Künstlerin an Malereien und Objekten. Ihr besonderes schriftstellerisches Interesse gilt dem Menschen mit seinen unterschiedlichen Verhaltensweisen. Unter ihrem Pseudonym Rebecca Buchwald schreibt sie Bücher für Kinder, Jugendliche und Erwachsene.

DASS DER MENSCH UNVOLLKOMMEN IN
SEINEM FÜHLEN, DENKEN UND HANDELN
IST, GIBT UNS DIE GELEGENHEIT, MITGEFÜHL
FÜR DEN ANDEREN ZU ENTWICKELN, UNS IN
GEDULD ZU ÜBEN, UNS SELBST ZU ERKENNEN
ODER ABER AUCH ZU SPÜREN, WANN DIS-
TANZ ZUM ANDEREN NOTWENDIG WIRD.
VOR ALLEM JEDOCH   ERLAUBT UNS DIE
MENSCHLICHE UNVOLLKOMMENHEIT EINES,
NÄMLICH DEN ANDEREN SO WAHRHAFT ZU
LIEBEN, WIE ES UNS IRGEND MÖGLICH IST.

R.B. (2008)

REBECCA BUCHWALD

DIE KATZE MIT DEM ABGEBISSENEN OHR
ODER
WIE DAS LEBEN IST

13 PARABELN FÜR DEN NACHTTISCH
(LESBAR AUCH AN ANDEREN ORTEN)

Impressum

© 2016 Rebecca Buchwald
Umschlag, Illustration: Meike Laudon-Eni
Lektorat, Korrektorat: Meike Laudon-Eni
Fotografie der Autorin: Susanne Mauksch

Verlag: tredition GmbH, Hamburg

ISBN
Paperback 978-3-7345-7814-4
Hardcover 978-3-7345-7815-1
e-Book 978-3-7345-7816-8

Printed in Germany

DIE KATZE MIT DEM ABGEBISSENEN OHR

ODER

WIE DAS LEBEN IST

INHALTSVERZEICHNIS

PROLOG

Der Mond zauberte silberne Lichtspuren auf das schwarze Wasser. Es war ruhig auf dem Ozean, nur das leise Lecken der Wellen am Bug des Schiffes verursachte ein glucksendes, gleichförmiges Geräusch. Das Schiff hob und senkte sich regelmäßig, wie die Brust beim Atmen. Die Menschen auf dem Schiff schliefen traumlos oder träumten. Ein Steuermann blieb wach.

Man konnte in der Dunkelheit nicht so genau feststellen, ob dies nun ein Ausflugsdampfer war oder ein Fährschiff oder ein Frachter mit kostbarer Ladung. Ein Dreimaster mit Matrosen der Marine. Ein Ausbildungsschiff. Oder ein Piratenschiff mit gehisster Flagge. Eine Galeere mit qualvoll schwitzenden Leibern unter Deck. Ein Sklavenschiff... Ein winziges Flüchtlingsboot, hoffnungslos überfüllt und der Meeresströmung auf Gedeih und Verderb ausgeliefert. Oder war es doch nur das kleine Boot der Fischersleute, das verspätet heimkehrte?

Jedenfalls, auf die Reling dieses durch die Nacht fahrenden Schiffes hatten sich zwei Seemöwen gesetzt, in der Hoffnung, unbemerkt etwas Futter stehlen zu können.

„Findest du sie nicht etwas seltsam, diese Menschen?", sagte die eine Möwe.

„Ja, Menschen sind merkwürdig. Sie machen so viel Gewese um alles. Sie bauen und machen und tun so viele nutzlose Dinge. Immer sind sie in Eile. Sie flüchten von einem Unglück ins nächste. Selten sind sie so ruhig wie jetzt. Wie gut, dass es die Nacht gibt, in der sie schlafen müssen", erwiderte die andere.

„Alles, was man braucht, um glücklich zu sein, ist doch, dass man frei mit Seinesgleichen herumsegeln kann und genug Futter hat. Warum sind die Menschen bloß so kompliziert? Ich finde, sie wirken oft so unzufrieden. Und gerade die, die eigentlich genug zu fressen haben, die jammern am lautesten herum!"

„Die sind eben nicht frei, meine Liebe, die sind eben nicht frei! Nicht frei im Kopf, verstehst du? Irgendetwas stimmt bei denen nicht. Sie nehmen sich was vor, ganz, ganz fest, und wenn das dann nicht klappt, dann werden sie melancholisch. Oder sie werden ungeduldig. Oder sogar unausstehlich. Die schlagen sich lieber die Köpfe ein, anstatt miteinander zu reden…Und manche sind einfach nur extrem gierig. Die Gierigsten unter ihnen treiben ganze Völker in den Krieg. Widerwärtig!"

Die beiden Möwen trippelten ein bisschen an der Reling hoch, denn sie hatten die liegengebliebenen Reste einer Mahlzeit entdeckt. Mit Appetit stürzten sie sich auf ihren Fund und taten sich daran gütlich.

„Du hast Recht", sprach nun wieder die erste. „Aber die Menschen lassen sich nun mal leicht manipulieren. Und sie verstehen oft nicht, was sie nicht am eigenen Leib erfahren haben. Umso mehr beschweren sie sich ununterbrochen über ihre eigenen alltäglichen Probleme. Am meisten stehen sie auf Kriegsfuß mit sich selbst."

„Ach, die mit ihrem ständigen Herzschmerz! Die wollen ganz einfach zu viel", stellte die zweite

Möwe nüchtern fest. „Die haben zu hohe Ansprüche. Es ist doch alles eine Frage der inneren Einstellung." Da sie inzwischen satt war, hatte sie kein großes Interesse mehr an Konversation.

„Wie können sich die Menschen bloß selber aushalten?", sinnierte die erste Möwe, während sie noch dem Nachgeschmack der erfolgreichen Mahlzeit in ihrem Schnabel nachspürte.

„Durch Geschichten. Sie erzählen sich Geschichten", krächzte die zweite. „Geschichten über sich selbst. Das beruhigt sie irgendwie."

„Na, jedem das seine", erwiderte die erste Möwe und entfaltete ihre Flügel. Mit einem kurzen Blick des gegenseitigen Einverständnisses hoben die beiden Möwen ab und schwangen sich hinauf in die Lüfte. Das Land war nicht zu weit entfernt, und so sollten sie es sicher erreichen. Sie hatten ja ihre kräftigen gesunden Flügel, es trug sie ein beständiger, frischer Seewind durch diese Nacht und sie hatten einen gut gefüllten Bauch.

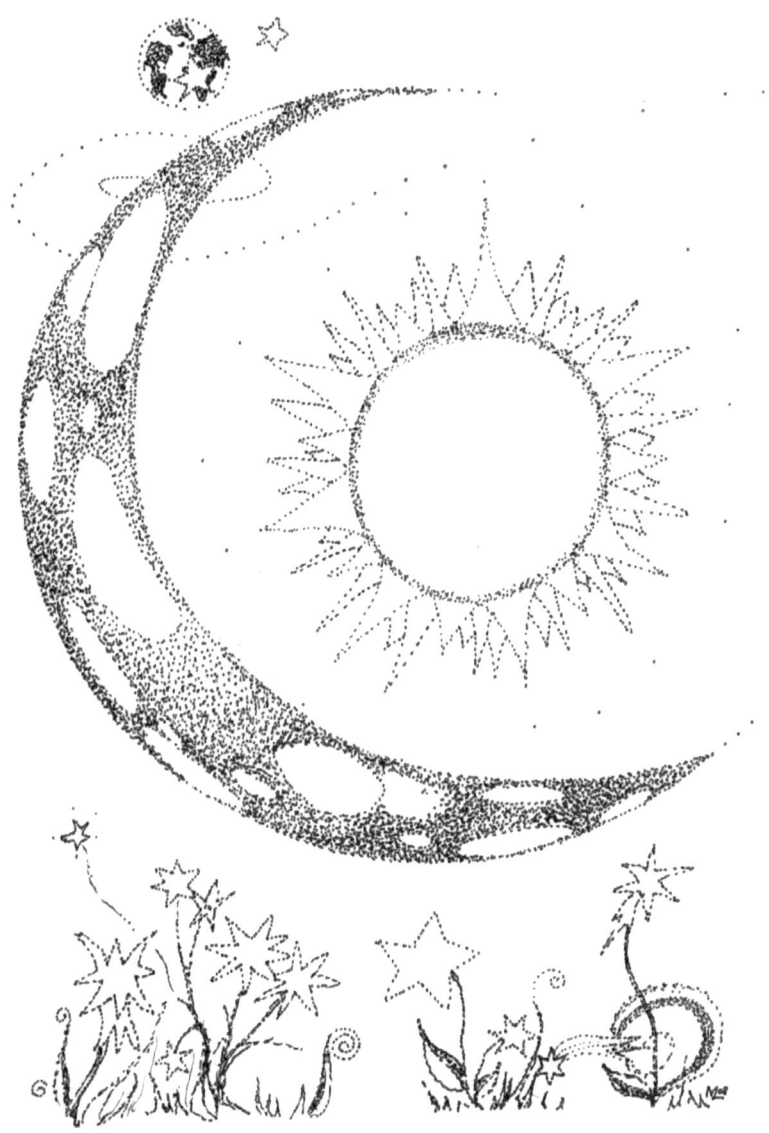

DIE GESCHICHTE VON DER
SONNE UND DEM MOND

(EINE GESCHICHTE, DIE ERKLÄRT, WIESO DER MOND STÄNDIG HINTER DER SONNE HERRENNT UND UMGEKEHRT)

Vor vielen Milliarden Jahren, als es die Erde noch nicht gab, da trafen sich die Sonne und der Mond auf einer silbernen Sternenwiese. Sie hatten einander bisher nicht bemerkt, aber als sie plötzlich voreinander standen, da erkannten sie, dass sie zusammengehörten. Ihre Liebe war so unendlich wie das Universum, und sie versprachen sich, einander nie mehr zu verlassen. Sie waren glücklich. Die Sonne schien viel heller als sie es vorher getan hatte, und der Mond strahlte stärker und leuchtender sein milchweißes Licht aus als jemals zuvor.

Eines Tages entstand die Erde. Die Erde war ein schöner Planet, es gab Wasser und Berge und fruchtbares Land. Doch die Erde war noch dunkel. Und als die Sonne und der Mond die Erde betrachteten, da sagten sie wie aus einem Munde:

„Sieh nur, dieser Planet ist etwas Besonderes. Aus ihm sollte man etwas machen!"

Die Sonne und der Mond waren schon sehr alt und weise, daher wussten sie auch, dass ein Planet nicht nur Wasser und Berge und Land braucht, wenn Leben auf ihm entstehen soll, sondern auch Licht und Wärme, Tag und Nacht.

„Wir lieben uns", sagte die Sonne, „aber wir haben auch Aufgaben in diesem Universum. Lass uns diesem Planeten helfen, damit er lebendig wird. Ich will zu diesem Planeten gehen und ihm am Tag Licht und Wärme geben."

„Ja, du hast Recht", sagte der Mond, „wir alle haben eine Bestimmung in unserem Dasein. In der Nacht, in der Dunkelheit, will ich den Menschen und Tieren, die bald auf dieser Erde leben werden, ein Licht und ein Wegweiser sein, damit sie sich nicht fürchten."

Und so machten sich die Sonne und der Mond auf den Weg zur Erde und taten, was sie beschlossen hatten.

Bald tummelte sich auf der Erde reges Leben. Erst entstanden die Pflanzen im Wasser und auf dem Land, dann die Tiere, und schließlich gab es auch die Menschen, die das Land bewohnten und den Boden urbar machten. Der Planet blühte und gedieh.

Die Sonne und der Mond aber konnten nun nicht mehr beieinander sein und sie sehnten sich nach ihrer Sternenwiese. Sie kreisten beide um die Erde, und so war es Tag, und so war es Nacht. Aber sie konnten einander nicht mehr berühren. Voller Sehnsucht folgte der Mond der Bahn der Sonne und voller Sehnsucht folgte die Sonne der Bahn des Mondes. Doch wenn die Sonne aufgegangen war, war der Mond schon untergegangen, und wenn der Mond aufging, war die Sonne schon am Untergehen. Manchmal, in der Morgendämmerung oder in der Abenddämmerung, konnte es geschehen, dass Sonne und Mond für einen kurzen Moment zur gleichen Zeit am Himmel standen; da lächelten sich Sonne und Mond glückselig zu. Dann schien die Sonne in besonderer Pracht und ihre tanzenden, tiefgoldenen Strahlen verschmolzen flüsternd mit dem silbrigen Schimmern des Mondes. Noch seltener geschah es, dass es eine Sonnenfinsternis gab. Das war etwas Außergewöhnliches. Dann kreuzten sich die etwas kleinere Bahn des Mondes und die etwas größere Bahn der Sonne, so dass der Mond für die Dauer eines Wimpernschlags vor seiner geliebten Sonne stand, ohne dass sich die Erde zwischen ihnen befand. In diesen Momenten waren sich Sonne und Mond wieder nah und konnten sich in ihre Augen sehen und sich für einen flüchtigen Augenblick berühren. Aber diese Momente waren nur kurz. Sonne und Mond konnten kein Paar mehr sein wie vordem, als sie noch auf ihrer Sternenwiese beisammen waren.

So tun die beiden nun bis heute, was sie tun müssen, obwohl sie sich lieben und sich nacheinander sehnen. Und sie werden, so hoffen wir, ihre Aufgabe erfüllen, bis sie endet. Denn alles ist zeitlich. So, wie die Erde entstanden ist, wird sie auch eines Tages, nach vielen Jahrmilliarden, wieder vergehen. Und dann werden die Sonne und der Mond sich auf ihrer Sternenwiese treffen und wieder eins sein wie zuvor.

DIE GLÄSERNE ZAUBERFEE

(EINE GESCHICHTE, IN DER MAN SIEHT, WAS PAS-
SIEREN KANN, WENN MAN SICH DAS FALSCHE
VORNIMMT)

Es war einmal eine zarte kleine Zauberfee, die im Wald unweit eines schönen Schlosses wohnte. Wenn sie Zeit und Muße hatte, fand sie Gefallen daran, die Leute zu beobachten, die im Schloss ein und aus fuhren. Oft kamen die Besucher mit goldenen Kutschen und vielen Pferden, denn am Hofe empfing man meistens nur Edelleute aus fernen Ländern.

Als eines Tages der junge Prinz im Wald spazieren ging, legte er sich ins Moos, weil er müde wurde, und schlief ein. Da erblickte ihn die kleine Zauberfee. Sie betrachtete den Schlafenden und verliebte sich unsterblich in ihn. Sie beugte sich nieder, um ihn zu küssen. Durch den Kuss erwachte der Prinz, und als er das verschreckte Gesicht der Zauberfee über sich sah, da musste er lächeln.

Die Fee sprang davon, doch der Prinz rief: „Halt, schönes Fräulein, darf ich nicht Euren Namen erfahren?"

Die Fee blickte sich aus einigen Schritten Entfernung um, und als sein Blick ihre Augen traf, da erschien es ihr, als ob auch aus des Prinzen Augen die Liebe leuchtete.

Einen Monat später gab es ein großes Fest im Schloss. Die Fee entschied sich, dort hinzugehen, um den Prinzen wiederzusehen, in den sie sich so unsterblich verliebt hatte. Sie zauberte sich ein in vieltausend Farben schillerndes Ballkleid, eine kleine, silberne Krone und Geschmeide aus funkelndem Bergkristall, damit sie bei Hofe unter all den fein gekleideten Edelleuten nicht auffallen würde.

So kam sie ungehindert durch den großen Eingang, durch den alle Gäste strömten. Im Ballsaal wurde bald zum Tanz aufgerufen, und da sah sie den Prinzen mit einer wunderschönen jungen Frau tanzen, die eine kleine goldene Krone trug.

„Wer ist das?", fragte die Zauberfee einen Diener. Der aber sah sie nur verwundert an und antwortete: „Ja, wisst Ihr denn nicht, dass der Prinz sich heute vermählt hat?"

Da liefen herbe Tränen aus den Augen der kleinen Fee, und sie eilte so schnell sie konnte wieder aus dem Saal hinaus in den Wald, ohne noch einmal auf den Prinzen und seine junge Frau zurückzublicken.

Im Walde unter ihrem Lieblingsbaum, einer großen Eiche, angelangt, warf sie sich ins Gras nieder, und erneut strömten die Tränen aus ihren Augen wie ein reißender Bach, so heftig war ihr Herzweh. Es begann zu regnen, und die kleine Fee, die den Regen liebte, streckte sich aus im Grase, legte sich auf den Rücken, öffnete die Arme weit und schloss die rotverweinten Augen, um die kühlenden Regentropfen auf ihrem Gesicht zu spüren.

„Ich will nie mehr aufstehen, bis der Prinz mich findet und mich wachküsst, so wie ich ihn wachgeküsst habe, denn ich habe in seinen Augen gesehen, dass auch er mich liebt. Diese Hochzeit kann nur ein Irrtum sein." So sprach die kleine Fee zu sich selbst, auch wenn sie schon bitter ahnte, dass der Prinz wohl kaum zu ihr kommen würde, und blieb also die ganze Nacht liegen, wie sie sich zuletzt hingebettet hatte.

Ihr Herzeleid war jedoch so groß, dass sie am nächsten Morgen zu Glas geworden war. Auf dem Waldesboden unter der großen Eiche lag nun eine gläserne Fee in einem prachtvollen Kleide, mit ausgestreckten Armen und geschlossenen Augen. Nur der Kuss des Prinzen konnte sie wieder lebendig machen.

Die Tiere des Waldes wunderten sich, denn sie kannten die kleine Fee und mochten sie gern. Sie schnupperten an ihr herum; der Fuchs, der Hase, das Eichhörnchen und all die anderen kleinen Bewohner des Waldes besuchten sie und waren ratlos. Sie konnten sie nicht aufwecken, aber wenn sie die kleine gläserne Fee berührten, wurde ihnen ganz leicht und froh ums Herz. Das war wohl die Liebe, die im Glase gefangen war und von der ein bisschen auf die Tiere überging, sobald sie das Glas mit ihrem weichen Fell oder ihren Pfoten streiften.

Später fanden die Jäger die kleine Fee, und auch ihnen wurde plötzlich froh und warm ums Herz, als sie sie berührten und aufzuwecken versuchten. Aber die Fee wachte nicht auf. Nun wunderten sich auch die Jäger.

Eines Tages hatte der Prinz Kummer. Da sprach einer der Jäger zu ihm: „Draußen im Wald, da liegt eine gläserne Fee im Gras, unter einer großen Eiche. Wenn Ihr sie anseht und Eure Hand auf das Glas legt, so wird Euch leichter ums Herz."

Der Prinz wunderte sich nun ebenfalls, und er ließ sich von dem Jäger zu der kleinen Fee führen. Als er sie erblickte, erkannte er sie wieder. Er kniete neben ihr nieder und wollte sie küssen, doch dann dachte er an seine schöne junge Frau und dass er seine junge Frau lieb hatte, und dass es unschicklich gewesen wäre, die kleine gläserne Fee zu küssen. Also legte er nur seine Hand auf ihre kleine gläserne Hand und sagte:

„Arme kleine Fee, was ist dir nur geschehen?"

Der Prinz fühlte sich plötzlich sehr froh und glücklich, denn auch er spürte, ohne es zu verste-

hen, die Kraft der Liebe, die aus dem in Glas einge-
schlossenen Herzen der kleinen Fee kam.

Und in den vielen Jahren, in denen er noch lebte, kam der Prinz noch so manches Mal wieder in
den Wald zu der großen Eiche, um die kleine gläserne Fee zu besuchen und seine Hand auf die ihre
zu legen. Die kleine Fee aber liegt heute noch da, im
Gras, und ist immer noch aus Glas bis in alle Ewig-
keit.

DIE KATZE MIT DEM ABGEBISSENEN OHR

(DIE GESCHICHTE EINER TOUGHEN KATZE)

Es war einmal eine kleine Katze. Sie war lieb und verspielt, lernte schnell, wie man Mäuse fängt und sich in Gesellschaft von anderen Katzen benimmt, und sie hatte ein angenehmes Wesen.

Manche Katzen waren neidisch auf sie, weil sie so schnell alles lernte, und sie verhielten sich dann nicht besonders nett zu ihr. Katzen können ja ganz schön giftig sein, wenn sie fauchen und mit ihren Tatzen kratzen.

Die kleine Katze war traurig darüber, aber so war es nun einmal, dachte sie. Da sie schon früh auf sich selbst gestellt war, machte sie sich viele Gedanken um das Leben und die Welt. Sie lief oft allein im Wald umher und betrachtete alles genau.

Als sie wieder einmal im Unterholz umherstreifte, sah sie im Waldesboden ein Loch. Das war ein Fuchsbau. Da die Katze ein wenig einsam war, dachte sie, sie könnte sich vielleicht mit dem Fuchs anfreunden. Aber sie hatte ihn wohl gerade verpasst, er war nicht zu Hause.

Als die Katze ihrer Familie und einigen anderen Katzen erzählte, dass sie sich mit einem Fuchs anfreunden wollte, da sagten die Eltern, die Geschwister und die anderen Katzen: „Nun, du musst selbst wissen, was du tust. Wir würden das nicht machen. Das ist ein Risiko. So etwas machen Katzen normalerweise nicht."

Die kleine Katze aber hatte ihren eigenen Kopf. Sie kümmerte sich nicht darum, was normal für eine Katze war oder nicht. Sie musste selbst herausfinden, was gut und was nicht gut für sie war und selbst erleben, was passieren würde.

Also lief sie zurück zu dem Fuchsbau, und tatsächlich, dieses Mal war der Fuchs zu Hause. Er beschnupperte die Katze ganz fasziniert, und indem er so um sie herumstrich, rieb er ein wenig sein Fell an ihr. Das gefiel der Katze. Sie fragte: „Darf ich dich zähmen?"

Der Fuchs schaute der fremden kleinen Katze neugierig in die Augen und wollte das wohl, aber da war noch eine Fuchsfrau im Bau, und als diese aus ihrer Behausung hervorkroch und die Katze misstrauisch betrachtete, da überlegte es sich der Fuchs anders und verschwand mit seiner Frau wieder unter der Erde.

Die Katze war enttäuscht. Andererseits war der Fuchs durchaus freundlich gewesen. Und diese Erfahrung, so einem wunderschönen Fuchs zu begegnen, der sein Fell an ihr gerieben und ihr einen Moment lang in die Augen gesehen hatte, ja, diese Erfahrung würde wohl keine andere Katze so schnell machen, da die wenigsten Katzen überhaupt nach dem Fuchs gesucht hätten.

Die kleine Katze dachte noch oft an den Fuchs. Er blieb in ihrem Herzen, denn er hätte ein Freund werden können.

Eines Tages sah sie bei ihren Streifzügen durch den Wald einen wilden Hund, der aus einem der umliegenden Dörfer entlaufen war. Er trank Wasser aus einer Quelle. Ob sie sich mit diesem Hund anfreunden konnte?

Als die kleine Katze zu Hause ihrer Familie und einigen anderen Katzen davon erzählte, dass sie sich mit einem wilden Hund anfreunden wollte, da waren die anderen entsetzt. „Nun bist du ganz verrückt geworden! Diesen Fuchs zu besuchen, das war ja schon ungewöhnlich. Aber sich mit einem wilden Hund abzugeben? Das machen Katzen nicht! Das ist nicht normal! Das ist gefährlich!"

Die kleine Katze kümmerte sich aber nicht darum, was normal für eine Katze war oder nicht. Sie musste selbst herausfinden, was gut und was nicht gut für sie war und selbst erleben, was passieren würde.

Also lief sie zurück in den Wald zu der Quelle und tatsächlich, der Hund war immer noch dort.

„Darf ich dich zähmen?", fragte die kleine Katze den Hund. Der Hund betrachtete sie genau und sagte dann: „Ja, darauf habe ich nur gewartet."

Die Katze war froh. Endlich, so dachte sie, hatte sie einen Freund gefunden, den sie zähmen konnte. Aber das Zähmen erwies sich als unglaublich schwierig. Jeden Tag und jede Nacht verbrachte sie mit dem Hund an der Quelle, und eines Tages zeigte ihr der Hund das Dorf, aus dem er weggelaufen war. Das war ein Vertrauensbeweis. Aber Hunde können genauso launisch wie Katzen sein, vielleicht sogar noch launischer, vor allem, wenn sie hungrig sind. Dieser Hund mochte die kleine Katze zwar gern, aber er war oft sehr ruppig zu ihr und knurrte sie an, wenn er einen schlechten Tag hatte. Manchmal kniff er sie dann mit seinen Zähnen ins Fell, und das machte die kleine Katze unglücklich. Trotzdem versuchte sie weiter, den Hund zu zähmen. Sie wollte nicht gleich aufgeben, manche Dinge brauchen Zeit, dachte sie. Doch es kam ein Tag, da war der Hund mit sich und der Welt so unzufrieden, dass er mit der kleinen Katze einen großen Streit anfing und ihr dabei ein Ohr abbiss.

Da schrie die kleine Katze laut auf vor Schmerz. Jetzt hatte sie genug! Dieser Hund ließ sich nicht zähmen! Sie lief zurück zu ihrer Familie und den anderen Katzen, und als diese ihr abgebissenes Ohr sahen, da sagten sie: „Siehst du, hättest du mal auf uns gehört!"

Die kleine Katze war traurig. Andererseits hatte sie doch eine aufregende Zeit mit dem Hund verbracht und viel mit ihm geteilt. Und diese Erfahrung, einem wilden Hund zu begegnen und mit ihm im Wald an einer Quelle zu leben, würde wohl keine andere Katze so schnell machen, da die wenigsten Katzen sich überhaupt auf einen Hund eingelassen hätten.

Die kleine Katze dachte noch oft an den Hund. Er blieb in ihrem Herzen, denn er hätte ein Freund werden können.

Eines Tages sah sie, während sie in den Feldern versuchte, Beute zu fangen, einen Habicht, der anmutig durch die Luft segelte und sich schließlich auf einem nahegelegenen Baumstumpf niederließ. Ob sie sich mit diesem Habicht anfreunden konnte?

Die kleine Katze war älter geworden, und so dachte sie auch nicht mehr darüber nach, den anderen Katzen, den Geschwistern oder ihren Eltern von ihren Gedanken zu erzählen. Wenn sie ihnen berichten würde, dass sie sich mit einem Habicht anfreunden wollte, dann würden die anderen wieder sagen: „Das ist nicht normal für eine Katze! Tu das nicht!"

Obwohl die kleine Katze sich immer noch nach dem wunderschönen Fuchs sehnte und es bedauerte, dass sie ihn nie mehr wiedergesehen hatte, und obwohl sie inzwischen ein vom wilden Hund abgebissenes Ohr hatte, entschloss sich die Katze, mit dem Habicht zu sprechen. Sie kümmerte sich immer noch nicht darum, was normal für eine Katze war oder nicht. Sie musste selbst herausfinden, was gut und was nicht gut für sie war und selbst erleben, was passieren würde.

„Darf ich dich zähmen?", fragte also die Katze den Habicht.

„Oh, das ist ja spannend", sagte der Habicht. „Du willst mich zähmen? Wie kommst du denn darauf?"

„Ich sammle Erfahrungen", erwiderte die Katze. „Und ich suche einen guten Freund."

„Na, wenn das so ist...", sagte der Habicht nachdenklich. „Ich bin viel allein unterwegs. Aber gegen einen guten Freund hätte ich auch nichts einzuwenden." Er blickte die kleine Katze aufmerksam an und fragte dann: „Warum hast du denn so traurige Augen? Und warum hast du ein abgebissenes Ohr?"

Da erzählte die Katze dem Habicht von dem Fuchs und von dem wilden Hund, und auch von den anderen Katzen. Der Habicht hörte ihr zu, wiegte seinen Kopf hin und her, stellte hier und da eine Frage, und erzählte der Katze schließlich aus seinem Habichtleben einige erstaunliche Geschichten.

So wurden der Habicht und die kleine Katze Freunde, und sie trafen sich jeden Tag auf dem Feld hinter dem Wald, und streiften auch des Nachts manchmal gemeinsam durch die Natur, so wie es ihnen gefiel. Sie konnten gemeinsam Mäuse jagen, und jeder bewunderte die elegante Art, wie der andere dies tat. Die Katze war glücklich.

„Ach, es fühlt sich herrlich an, seinem eigenen Herzen zu folgen", dachte die Katze im Stillen. „Wenn ich mich auch immer noch nach dem Fuchs sehne und ein abgebissenes Ohr habe, so habe ich doch mehr erlebt, als so manch andere Katze, die sich nur mit Katzen zusammentut. Und nun streife ich mit einem Habicht durch die Wildnis. Das ist wundervoll. Ich vermute, ich habe alles richtig gemacht."

Und so blieb es dabei: Die kleine Katze kümmerte sich auch weiterhin nicht darum, was normal für eine Katze war oder nicht. Sie fand selbst heraus, was gut für sie war und was nicht und erlebte dann, was passierte. So hielt sie es immer, und manchmal passierte dann etwas Schönes, und manchmal etwas weniger Schönes. Aber nie bereute die Katze eine ihrer Erfahrungen, und wenn sie einmal alt ist, wird sie vielleicht, wenn sie Glück hat, sogar ein bisschen weise sein.

DER MANN IM SPIEGELHAUS

(EINE VERTRACKTE GESCHICHTE)

Es war einmal ein Mann, der sehr stolz war. Er hatte die Welt genauestens beobachtet, so befand er, und sein Bild von der Welt war fertig.

„Ich werde mir ein Haus bauen und nicht mehr hinausgehen in die Welt, denn ich habe schon alles gesehen", sagte er zu sich selbst.

Und so geschah es. Der Mann baute sich ein Haus, und damit es größer aussah, verkleidete er alle Innenwände mit Spiegeln. Das hatte zudem den Vorteil, dass er auch sich selbst zu jeder Zeit wohlgefällig betrachten konnte.

„Ich bin weise, also will ich den Menschen von der Welt, die ich jetzt kenne, berichten. Sie sollen mich in meinem Haus besuchen kommen und meine Geschichten hören. Dann sollen sie mir etwas zu essen bringen, denn ich bin sehr hungrig." Der Mann war tatsächlich hungrig, denn er ging ja nicht mehr aus seinem Haus hinaus. Aber essen muss jeder Mensch, auch dieser Mann musste das.

Der Mann baute ein großes Schild, auf dem stand: „Geschichten über das Leben. Erzählt von einem Weisen. Willkommen!" Dieses Schild nagelte er an seine Haustür.

Die Menschen, die vorbeigingen, wunderten sich. Geschichten über das Leben? Wer brauchte das? Einige Leute waren aber doch neugierig und gingen wirklich in das Haus, um die Geschichten zu hören. Der Mann, der im Haus wohnte, konnte viele Geschichten erzählen, und die meisten, die die Geschichten hörten, sagten: „Ja, die Geschichten sind wirklich gut! So ist das Leben." Aber die wenigsten Menschen dachten daran, dem Mann im Haus auch etwas zu essen zu bringen. Sie hörten sich die Geschichten an, genossen es, sich für eine Weile in den ungewöhnlich vielen Spiegeln zu betrachten, waren zufrieden und gingen frohen Mutes und voller neuer Eindrücke wieder von dannen.

Da wurde der Mann böse. „Die Menschen sind egoistisch und schlecht!", sagte er. „Sie kommen in mein Spiegelhaus, haben ihren Spaß daran, wenn ich ihnen meine Geschichten erzähle, aber es ist ihnen egal, wenn ich dabei verhungere!"

Der Mann schimpfte und klagte immer mehr. Aber sein Haus verlassen wollte er auch nicht. Bald saß er mit trübem, zornigen Blick da, und wenn Leute kamen, um sich seine Geschichten anzuhören, blickte er sie beim Erzählen finster an oder schrie ihnen zum Abschied sogar einen bösen Fluch hinterher, wenn sie kein Essen mitgebracht hatten. Seine Geschichten wurden kürzer und wortkarger, und manchmal endeten sie auch nicht mehr so schön wie vorher. Es kamen immer weniger Menschen in das Haus, denn die Leute hatten Angst vor dem Mann. Dass er aus Hunger so böse war, interessierte sie nicht. Sie wollten einfach nur ein paar spannende Geschichten hören.

„Geh doch einfach aus dem Haus, dann findest du schon etwas zu essen", sagte ein wohlmeinender Freund zu dem Mann. Da wurde der Mann noch wütender und jagte den Freund mit lautem Gebrüll von dannen. „Du wagst es, mir so einen Vorschlag zu machen? Ich bin ein Weiser! Verschwinde! Du bist kein Freund, wenn du so etwas von mir verlangst!", schrie er aufgebracht. Ob der Freund ihn wieder besuchen wird, ist nun recht ungewiss.

Bis heute kommen Leute zu dem Mann in sein Spiegelhaus. Seine Geschichten sind nach wie vor sehr interessant. Sie enthalten neben allen Irrtümern noch immer ein Stück Wahrheit, wenn diese Wahrheit auch nicht besonders gefällig formuliert ist. Den meisten Menschen, die ihn besuchen, fällt natürlich ganz schnell auf, dass der Mann wütend ist und seine Geschichten stets ein wenig zornig erzählt. Hunger leidet er unverändert, und so wird sein Zorn wohl ein Leben lang in ihm und in seinen Geschichten bleiben. Und er wird weiterhin behaupten, dass die Menschen schlecht sind, weil die meisten nicht daran denken, dass auch er sich irgendwie ernähren muss.

Aus dem Haus gehen wird er trotzdem nicht. Das ist ziemlich sicher.

Wenn du also irgendwann einmal durch Zufall den Mann im Spiegelhaus triffst, dann bringe ihm unbedingt ein bisschen was zu essen mit. Dann wird sich sein Gesicht für eine kurze Zeit aufhellen, er wird sich freuen und das Gefühl haben, dass du seine Geschichten schätzt. Und er wird einen Tag lang nicht so hungrig sein wie sonst.

DIE VERWUNDUNG DES FUCHSES

(EINE MAGISCHE GESCHICHTE)

Es lebte einmal ein junger Fuchs in einem großen Wald. Tagsüber streifte er durch das Gehölz auf der Suche nach Beute, und manchmal legte er sich auch einfach nur auf eine Lichtung auf einen warmen Stein und genoss es, die Sonnenstrahlen des Frühlings auf seinem Pelz zu spüren.

Da er noch nicht sehr alt war, hatte der Fuchs noch nicht besonders viel Erfahrung. Eines Tages hörte er die Jagdhörner der Jäger im Wald, aber da er dieses Geräusch noch nie zuvor vernommen hatte, wusste er nicht, dass diese Hörner zwar Aufregung und auch einigen Spaß versprachen, aber auch Gefahr bedeuteten.

Neugierig schlich der Fuchs, anstatt vorsichtig abzuwarten, durch die Büsche auf das Schallen der Hörner zu. Unter einem Strauch blieb er sitzen und er sah eine ganze Schar von Jägern an ihm vorüberziehen. Nur ein einziger Jäger, der ein wenig langsamer ging als die anderen, entdeckte den Fuchs unter dem Busch. Der Jäger blieb stehen, lehnte sich an einen Baum und betrachtete den Fuchs lange.

„Ein schönes Tier", dachte der Jäger.

„Ein schöner Mensch", dachte der Fuchs, und erwiderte den Blick des Jägers.

So saß der Fuchs, so stand der Mensch wohl eine ganze Weile reglos da und der Blick zwischen ihnen ging tief und tiefer, bis er sich in der Seele des anderen spiegelte. Da nahm der Jäger ganz langsam, zeitlupengleich, einen Pfeil aus seinem Köcher und spannte seinen Bogen. Er zielte genau auf den Fuchs. Denn er war ein Jäger.

Der Fuchs aber wusste nicht, was dies nun zu bedeuten hatte und wartete, was passieren würde. Wie gebannt sah er dem Jäger zu und regte sich nicht von seinem Platze.

Als endlich der Pfeil durch die geballte, sich nunmehr entladende Spannung der Sehne auf den Fuchs zustürzte, gab es ein leises Sirren in der Luft. Sekundenbruchteile später fühlte der Fuchs einen dumpfen, süßen Schmerz in seiner Brust. Der Jäger hatte ihn getroffen. Dem Fuchs wurde schwindlig, er wusste nicht, wie ihm geschah. Er spürte eine unendliche Sehnsucht, sich auszustrecken und sich diesem Schmerz hinzugeben. Er fiel ins Bodenlose, so kam es ihm vor, er fiel und fiel und war doch nur hingesunken auf die kühle Erde unter dem Schatten des Busches. Die Sonne schien heller als zuvor. Und als es Nacht wurde, schimmerte der Mond süßer denn je. Aber der Jäger war von dannen gezogen. Denn das, was ein Jäger tun musste, war getan.

„Ist dies das Leben oder der Tod?", dachte der Fuchs. Sein Herz klopfte so laut, dass ihm war, als könne man es durch den ganzen Wald schlagen hören. Aber niemand hörte sein Herz schlagen. Nur der Fuchs allein spürte es in seiner Brust pulsieren.

„Ach, wäre ich doch bloß in den Armen dieses Menschen gestorben", seufzte der Fuchs. Denn ihm dämmerte, dass dies eine schwere Verwundung war. Und er war sich nicht sicher, ob er diese Verwundung überleben würde.

In dem Pfeil musste ein langsam wirkendes Gift gewesen sein, denn es dauerte Tage, bis es dem

Fuchs gelang, sich wieder zu erheben und sich von dem Busche fortzuschleichen, unter dem er gelegen hatte. Er hatte die ganze Zeit über nichts gefressen und war sehr hungrig.

Als die anderen Füchse ihn fanden und fragten, was ihm geschehen sei, gab sich der Fuchs recht wortkarg. Nur den Füchsen, die ihm am nächsten standen, erzählte er von dem Jäger und dem Pfeil.

„Das nächste Mal musst du vorsichtiger sein", sagten seine Freunde. „Es ist besser, wenn du ein kleines Kämpfchen mit unsereins hast, das ist nur ein Spiel und du kennst die Spielregeln. Zwei Füchse, die miteinander spielen und sich jagen und einander in die Waden zwicken, die können eine Menge Spaß miteinander haben. Aber lass dich nie von einem Jäger treffen. Jäger sind nicht von unserer Art, sie sind anders. Und man weiß nie, was in ihren Pfeilen steckt."

„Ja, so mag es wohl sein. Ich wusste es nicht besser", antwortete der Fuchs.

Während er sich bei seinen Freunden erholte, schmerzte seine Wunde. Was mochte wohl in dem Pfeil gewesen sein, der ihn getroffen hatte?

Zuerst, als der Pfeil ihn traf, hatte er gedacht, dieser Schmerz sei die Süße des Lebens. Später hatte er gedacht, dieser Schmerz sei der Tod. Doch beides erfasste anscheinend nicht ganz, was dieser Pfeil dem Fuchs gebracht hatte. Der Schmerz brannte eher wie eine große Sehnsucht.

„In dem Pfeil war Verbitterung", sagte einer der Füchse. „Du bist anders geworden, seit man dich verwundet hat. Hasst du jetzt nicht alle Jäger?", fragte er.

„Ich weiß es nicht", antwortete der junge Fuchs.

„In dem Pfeil war Verunsicherung", sagte eine alte Füchsin. „Du wusstest nicht, wie Jäger sind und dass Pfeile aus ihren Bögen schmerzen können. Und du weißt immer noch nicht, wie du darüber denken sollst, denn du bist zu jung", fuhr sie fort.

„Vielleicht ist es so", antwortete der junge Fuchs.

„Nein, ich würde es anders ausdrücken", sagte ein alter Fuchs. „In dem Pfeil war Erfahrung. Erfahrung, wie das Leben ist. Unser Freund wird schon herausfinden, was er darüber denken soll. Und er wird lernen, Jäger zu erkennen und richtig einzuschätzen. Fast allen von uns ist so etwas schon einmal passiert. Erinnerst du dich daran nicht mehr?"

Die alte Füchsin nickte. Und der junge Fuchs stöhnte laut auf, denn die Wunde schmerzte wieder einmal besonders heftig.

„Wenn du dem Jäger noch einmal begegnen würdest, würdest du dann fortlaufen?", fragte die alte Füchsin den jungen Fuchs.

„Ich weiß es nicht", antwortete der junge Fuchs nach einigem Zögern.

„Oh, siehst du, in dem Pfeil war Verblendung, denn unser Freund ist immer noch nicht schlauer als vorher!", rief eine andere Füchsin ärgerlich.

Da schwieg der junge Fuchs und schaute die Füchsin, die eben gesprochen hatte, nur bedrückt aus den Augenwinkeln an.

„In dem Pfeil war Glück", sagte plötzlich hoch oben in der Eiche die Eule, die zugehört hatte. „Du und der Jäger, ihr habt erkannt, wer ihr beide wirklich seid. Und du erschienst dem Jäger als ein lohnenswertes Ziel für seinen Pfeil, er fand dich schön. Auch wenn er nachher fortgegangen ist, ist das etwas Besonderes."

Die Füchse jaulten böse auf, als sie das hörten, und wollten der Eule an den Kragen. Aber sie saß sehr weit oben und sah nur lächelnd auf die aufgebrachten Füchse herab.

Der junge Fuchs begann ebenfalls zu lächeln.

„In dem Pfeil lag das Schicksal", sagte ein kleiner Singvogel, der sich zu den Füchsen gesellt hatte. „Ich fliege jeden Tag aus und sehe so vieles, von dem ihr nichts wisst. Manche Tiere trifft eben ein ungewöhnliches oder sogar grausames Schicksal, und manche Tiere führen ein sehr ruhiges und friedliches Leben. So ist das nun mal. Alles ist vorherbestimmt. Aber fast alle, die ein besonderes Schicksal trifft, können es auch meistern. Nur wenige sterben daran."

Die Augen des jungen Fuchses begannen zu leuchten.

„Hört auf! Jäger sind nun mal Jäger, und Füchse sind Beute für sie. Ihr müsst das praktisch sehen. Realistisch!", mischte sich ein Eichhörnchen ein. „Mehr ist nicht gewesen. Da war gar nichts, absolut gar nichts in dem Pfeil!"

„Das könnte wohl auch wahr sein", seufzte der junge Fuchs. Seine Augen leuchteten jetzt nicht mehr so wie eben gerade noch, aber er hatte sich aufrecht hingesetzt und schaute interessiert in die Runde.

Die Tiere beratschlagten noch lange, was denn nun der Pfeil dem jungen Fuchs gebracht haben könnte. Doch sie kamen zu keiner Einigung. Und der junge Fuchs selbst hatte auch keine Antwort auf die Fragen. Aber die Anteilnahme der anderen Tiere tröstete ihn sehr. Und mit den Jahren verheilte seine Wunde recht gut und er fühlte nur noch selten hin und wieder ein leichtes Stechen in der Brust, wenn er an die Begegnung mit dem Jäger zurückdachte.

Eines Sommertages hörte der junge Fuchs wieder die Jagdhörner durch den Wald schallen. Sollte er nun schnell in seinem Bau verschwinden oder neugierig nachschauen, wie diesmal die Jagdgesellschaft aussah? Ein bisschen älter und weiser war er ja immerhin geworden.

Der Fuchs entschied sich, wieder unter einem Busch die Jagenden zu beobachten. Wie vor vielen Jahren stürmten die meisten Jäger weiter, ohne ihn zu beachten, aber der Jäger, der ihn schon damals unter dem Strauch entdeckt hatte, erblickte ihn auch diesmal wieder an seinem alten Platze.

Der Jäger lächelte.

„Da ist ja mein alter Freund wieder", dachte er. „Er ist noch schöner geworden!" So spannte er seinen Bogen aufs Neue und sah dem Fuchs tief in die Augen.

„Da ist ja mein Jäger wieder", dachte der Fuchs. „Er ist noch interessanter geworden!" Und so spannte er seine Sehnen an zum Sprunge und sah dem Jäger ebenfalls tief in die Augen.

Als der Pfeil losschnellte, gab es ein leises Sirren in der Luft. Der Fuchs sprang auf und der Pfeil verwundete seine Haut, doch er traf dieses Mal nicht seine Brust. Flink wie ein Wiesel schlängelte sich der Fuchs durch das Gehölz und wartete hinter dem nächsten Baum, um zu sehen, was der Jäger nun tun würde. Seine Haut brannte wie Feuer und sein Herz schlug ihm bis zum Halse wie das letzte Mal, doch nicht, weil er verwundet war, sondern aus einer seltsamen Erregung heraus. Sollte ihn der Jäger jagen! Das war ein schönes Spiel! Das hatte er inzwischen schon oft mit den anderen Füchsen gespielt. Nun aber war es wieder der Jäger, der ihm folgte, und das brachte jede Faser in ihm zur Wallung.

Tatsächlich kam der Jäger hinter ihm her. Nachdem er den Fuchs wieder erspäht hatte, spannte er seinen Bogen aufs Neue und verschoss weitere Pfeile. Doch auch diese streiften dem Fuchs nur sachte das Fell oder sie verfehlten ihn sogar ganz, nur um mit einem Rascheln im Gebüsch zu landen. Denn der Fuchs wand sich mit weiser Voraussicht stets rechtzeitig in eine andere Richtung, unter einen anderen Strauch, hinter einen anderen Baum.

So jagte der Jäger den Fuchs eine Weile, und der Fuchs war glücklich. Er hätte endlos dieses Spiel spielen können, denn er begriff plötzlich, dass es seiner Natur genauso entsprach wie der Natur des Jägers.

Wie groß war aber die Enttäuschung des Fuchses, als der Mensch irgendwann von ihm abließ. Ihm war das Spiel wohl langweilig geworden? Der Fuchs tänzelte ein wenig vor den Füßen des Jägers herum, um ihn zu ermutigen, in dem Spiel fortzufahren. Der aber schien sich zu erinnern, dass er eigentlich nach einer anderen Beute gesucht hatte, und so verließ er einfach den Fuchs und stapfte in den Wald hinein. Der Fuchs folgte ihm noch ein Stückweit des Weges, aber der Jäger hatte das Interesse an dem Spiel verloren. Seine Aufmerksamkeit galt nun der anderen Beute, wegen der er ursprünglich aufgebrochen war und die er auch mit nach Hause nehmen konnte. Der Jäger war hungrig nach einer richtigen Mahlzeit, und dafür musste er ein anderes Tier erlegen.

Als dem Fuchs klar wurde, dass für den Jäger das Spiel beendet war, wurde er traurig. Es schmerzte ihn fast so sehr wie die Wunde, die der Jäger ihm vor vielen Jahren zugefügt hatte.

Wie gerne hätte er sich weiter jagen lassen! Das war doch das herrlichste Spiel der Welt! Vor allem mit einem echten Jäger!

Mit hängendem Kopf, etwas außer Atem, und ein wenig trübsinnig kehrte der Fuchs zurück zu seinen Freunden. Die schauten ihn nur fragend an. Aber der Fuchs redete nicht viel, nur den allerbesten Freunden vertraute er sich an, und die schüttelten bloß den Kopf, als sie erfuhren, dass der Fuchs sich erneut vom Jäger hatte jagen lassen.

Der Fuchs dachte noch oft an den Jäger. Vielleicht würde er ihm eines Tages wieder begegnen und er würde ihn für eine Weile jagen. Das würde herrlich sein. Der Fuchs hatte verstanden, was das Jagen bedeutet, und er hatte die Erregung beim Gejagtwerden gespürt. Und das war wunderbar. Dabei fühlte er sich lebendig. Denn er war ein Fuchs. Und der Jäger war ein Jäger.

ZWEI RIESEN

(EINE GANZ EINFACHE GESCHICHTE ÜBER FREUNDSCHAFT)

Es waren einmal zwei Riesen. Riesen sind Einzelgänger, wie man weiß, und leben normalerweise ein Leben für sich. Sie gehen auch nicht viel aus, denn die Menschen sind, wie man sich vorstellen kann, meistens nicht besonders erbaut, wenn sie einen Riesen sehen, der ihnen ihre Felder zertrampelt.

So wussten die beiden Riesen auch nichts voneinander. Der eine lebte am Meer, wo es viele Felsen gab, und sein liebster Zeitvertreib war es, die Felsen ein wenig zu verrücken und ins Wasser zu werfen, so dass die Küste jeden Tag ein bisschen anders aussah. Er schlief am Strand unter den Sternen.

Der andere Riese lebte im Wald auf einer großen versteckten Lichtung. Dort hatte er sich ein Gärtchen eingerichtet, denn sein liebster Zeitver-

treib war es, Pflanzen zu züchten, und so entstanden immer wieder neue Blumen, Sträucher, Büsche
und Bäume, ganz wie es dem Riesen in den Sinn
kam, und natürlich waren diese Pflanzen sehr, sehr
groß. Dieser Riese schlief unter den Tannenwipfeln
am Fuße eines Hügels.

Eines Tages wurde es dem Riesen, der im
Wald lebte, ein wenig langweilig.

„Ich werde einen Ausflug ans Meer machen",
sagte er zu sich selbst, „und mich dort ein wenig
umschauen. Es gibt auf dieser Welt schließlich noch
mehr als diese eine Lichtung."

Und damit er die Menschen nicht erschrecken
würde, beschloss er, in der Nacht loszuwandern.

Der Riese schnürte also seinen Rucksack und
stiefelte, sobald es dunkel geworden war, im Mondenschein los. Vorsichtig setzte er einen Fuß vor
den andern, denn er wollte nichts kaputttreten. Er
kam dadurch ein wenig langsam voran, andererseits machte er ja dabei Riesenschritte, und noch
bevor die Nacht zu Ende war, hatte er das Meer er-

reicht. Da hörte er unter einem dicken Felsen am Strand den anderen Riesen schnarchen.

„He, du!", rief der Riese, außer sich vor Freude, denn bisher hatte er ja keine Ahnung davon gehabt, dass es noch andere Riesen auf der Welt gab.

Der andere Riese brummte ein bisschen und rappelte sich schließlich, noch etwas verschlafen, hoch, um seinen Gast verwundert anzustarren.

„Ja so was!", rief der andere Riese, nun ebenfalls ganz erfreut. „Wie kommst denn du hierher? Ich wusste ja gar nicht, dass es noch andere Riesen gibt!"

„Ich auch nicht", antwortete der eine Riese. „Was machst du hier?"

„Oh, ich werfe Felsen ins Meer, wenn mir langweilig ist", sagte der andere Riese. „Willst du nicht ein bisschen bei mir am Strand bleiben?"

Und so legte der Riese aus dem Wald seinen Rucksack ab und leistete dem Riesen, der am Meer lebte, für ein paar Tage Gesellschaft. Sie warfen gemeinsam Felsen ins Meer und unterhielten sich voller Freude und mit großer Herzenslust über ihr Riesenleben. Bald jedoch sagte der Riese aus dem Wald: „Ich habe Sehnsucht nach meinem Garten. Ich würde gern bei dir bleiben, aber meine Pflanzen warten auf mich. Willst du nicht mit mir kommen?"

Der andere Riese, der am Meer lebte, überlegte.

„Ich will noch ein paar Felsen im Meer neu ordnen", sagte er. „Aber wenn ich damit fertig bin, dann komme ich dich besuchen."

Also beschrieb der Waldriese dem Meeresriesen den Weg zu ihm nach Hause, so gut er es vermochte. Und dann nahmen sie voneinander Abschied.

Nach vielen Mondaufgängen und Monduntergängen wollte der Riese vom Meer den Riesen im Wald besuchen. Und damit er die Menschen nicht erschrecken würde, beschloss er, in der Nacht loszuwandern.

Auch der Riese vom Meer setzte sehr vorsichtig einen Fuß vor den anderen, denn er wollte nichts kaputttreten. Er kam dadurch ein wenig langsam voran, andererseits machte er ja dabei Riesenschritte, und noch bevor die Nacht zu Ende war, hatte er die Lichtung im Wald erreicht und sah den anderen Riesen am Fuß des Hügels schlafen.

„Hallo!", rief der Riese vom Meer fröhlich.

Der Riese aus dem Wald schreckte hoch, noch etwas verschlafen, und sah dann, dass ihn der Riese vom Meer besuchen gekommen war, wie er es versprochen hatte. Die beiden Riesen umarmten sich überglücklich und tanzten vor Freude über die ganze Lichtung, so dass die Erde nur so bebte und die Bäume, an die sie mit ihren Riesenfüßen stießen, nur so krachten.

„Komm, sieh dir meinen Garten an", sagte der Riese aus dem Wald begeistert. Und so blieb der Riese vom Meer ein paar Tage bei dem Riesen aus dem Wald, und sie bepflanzten zusammen den Garten neu und unterhielten sich voller Freude und mit großer Herzenslust über ihr Riesenleben. Bald jedoch sagte der Riese vom Meer: „Ich habe Sehnsucht nach meinen Felsen. Ich würde gern bei dir bleiben, aber meine Felsen warten auf mich. Sie sind es gewohnt, dass ich sie immer wieder neu anordne. Willst du nicht mit mir kommen?"

Da wurde der Riese aus dem Wald traurig. Gern wollte er für immer an der Seite des anderen Riesen bleiben, denn es war viel schöner, in seiner Gesellschaft zu sein als allein. Aber er würde am Meer seinen Garten vermissen.

„Bleib doch hier", schlug der Riese aus dem Wald vor.

„Ich kann nicht", antwortete der Riese vom Meer, und er war auch traurig. Gern wollte er an der Seite des anderen Riesen bleiben, denn es war viel schöner, in seiner Gesellschaft zu sein als allein. Aber er vermisste hier im Wald zu sehr seinen Strand und seine Felsen am Meer.

Da nahmen die beiden Riesen erneut Abschied voneinander. Diesmal fiel ihnen der Abschied besonders schwer, denn sie hatten sich schon ziemlich aneinander gewöhnt.

„Ich komme dich wieder besuchen", versprach der Riese aus dem Wald dem Riesen vom Meer. Und auch der Riese vom Meer versprach, den Riesen aus dem Wald bald wieder zu besuchen.

So wanderte der Riese vom Meer des Nachts zurück an seinen Felsenstrand und bald schlief er wieder unter dem funkelnden Sternenhimmel des rollenden Ozeans. Und er träumte oft von seinem Freund im Wald. Und auch der Riese aus dem Wald träumte von seinem Freund am Meer, wenn er unter seinen im Nachtwind rauschenden Tannenwipfeln einschlief.

Beide Riesen vermissten einander. Doch es tröstete sie, dass sie wussten, dass es noch einen anderen von ihrer Art auf der Welt gab. Und es tröstete sie auch, dass sie einander jederzeit besuchen konnten.

Und wenn der eine Riese auf den höchsten Berg seines Waldes stieg, und der andere Riese auf den höchsten Felsen an seinem Ufer, dann konnten sie sogar, wenn die Sicht ganz, ganz klar war und sie genau hinschauten, einander zuwinken.

DER KLEINE FROSCH
UND DIE SEEROSE

(EINE GESCHICHTE, DIE DEM LESER ZEIGT, WIE
SICH DIE GROßE SUCHE GESTALTET, WENN MAN
EIN BISSCHEN TOLLPATSCHIG IST)

Es war einmal ein kleiner Frosch. Er war an einem hübschen kleinen Teich aufgewachsen, an dem sich viele Frösche tummelten und allerhand anderes Getier, so dass es dort nie langweilig wurde. Die Frösche saßen im Wasser, im Schilf oder, was sie am liebsten hatten, auf ihrer eigenen Seerose, und ihre Lieblingsbeschäftigung war neben dem Fliegenfangen natürlich das gemeinsame Singen, denn Frösche sind sehr gesellige Tiere.

Als der kleine Frosch größer wurde, wollte er gerne auch eine eigene Seerose haben, auf der er sitzen, Fliegen fangen, singen und die Aussicht genießen konnte. Aber es war gar nicht so einfach, eine eigene Seerose zu finden. Die Seerosen an seinem Heimatteich waren alle schon längst besetzt. Da es sich sowieso für einen jungen, ausgewachsenen Frosch gehörte, ein wenig durch die Welt zu wandern, beschloss er, seinen Eltern Lebewohl zu sagen und den Teich zu finden, wo seine eigene Seerose auf ihn warten würde. Der Abschied fiel allen schwer, denn es ist nicht leicht, in die Welt hinauszuziehen und sein Glück zu suchen, das wussten die älteren Frösche.

Der junge Frosch wanderte wohlgemut an einem schönen Frühlingstage los, nachdem er noch ein letztes gutes Frühstück zu sich genommen hatte. Der Teich, den er verließ, lag inmitten eines schattigen Waldes. Ein Bächlein schlängelte sich unweit des Teiches durch das Gras, und da es dort angenehm nass war und es genug Schilf gab, um sich vor großen Tieren zu verstecken, entschied der kleine Frosch, an diesem Bach entlang zu hüpfen.

Nach einer Weile wurde der kleine Frosch müde und daher beschloss er, neben einem hohen Schilfbüschel zu rasten. Neugierig sah er sich um. Allerhand fremdartiges fliegendes Getier summte durch die Lüfte. Auch auf der Erde tat sich einiges: Da krochen Käferlein umher, die er noch nie gesehen hatte. Das Wasser des Bachlaufs plätscherte lieblich, und so warf der kleine Frosch einen Blick hinein in das Wasser. Vielleicht gab es ja schon hier eine Seerose für ihn?

Der Frosch hüpfte ein wenig vor bis ans Ufer, und schaute nun genauer, was sich auf und unter dem Wasser tat. Aber als er an seine Seerose dachte, da dämmerte es ihm plötzlich, dass er gar nicht genau wusste, wie eine Seerose aussah! Er selbst hatte noch nie auf einer Seerose gesessen. Er hatte nur die älteren Frösche beobachtet, wie sie anscheinend zufrieden und glücklich auf dem Wasser hockten, ohne unterzugehen. Wie also sollte der kleine Frosch erkennen, ob es sich bei einem Gegenstand um eine Seerose handelte oder etwas anderes? Er war ja so furchtbar unerfahren!

Während der kleine Frosch auf das Wasser blickte, sah er, dass an einer Stelle kleine Luftblasen aufstiegen. Dort befand sich auf jeden Fall etwas unter der Oberfläche. Eine Seerose? Der kleine Frosch war plötzlich sehr aufgeregt! Mit klopfendem Herzen und einem mutigen Satz sprang er in die Fluten. Doch anstatt sicher auf etwas Festem zu landen, schluckte der kleine Frosch kläglich allerhand Wasser und musste kräftig strampeln, um nicht unterzugehen. Unter seinen Füßen hatte er etwas Glitschiges gespürt, und dieses nasse, glatthäutige Etwas schaute ihn jetzt belustigt an, während der Frosch brav seine Schwimmzüge machte.

„Was hast du denn mit mir vorgehabt?", fragte das Etwas glucksend und bewegte dabei elegant sein Hinterteil, um gegen die Strömung anzukommen.

„Ich… habe gedacht, du bist eine Seerose! Ich suche nämlich eine. Bist du - eine Seerose?", fragte der Frosch unsicher.

Das glatte, lange Etwas lachte. „Nein, eine Seerose kann ich leider nicht für dich sein! Eine Seerose ist etwas Beständiges, zu dem du immer zurückfinden kannst. Du musst nach etwas suchen, das zu deiner Heimat werden und dich dauerhaft und mühelos tragen kann. Ich kann das nicht, denn ich bewege mich ständig im Wasser hin und her. Ich bin ein Fisch und ich lebe meistens sehr tief unten am Grunde des Baches. Aber ich kann für eine Weile mit dir an der Oberfläche schwimmen und dich ein Stück deines Weges begleiten, wenn du möchtest", sprach der Fisch.

„Oh", sagte der Frosch erstaunt. Er war ein bisschen traurig, dass er seine Seerose noch nicht gefunden hatte. Aber es tröstete ihn, dass der Fisch ihn ein Stück seines Weges begleiten wollte.

„Halt dich gut fest", sagte der Fisch fröhlich blubbernd, der den Frosch eingeladen hatte, auf seinen silbrigen Rücken zu klettern. „Ich kann dich ein bisschen weiter den Bach hinunter bringen, aber es wird weder für dich noch für mich ganz mühelos sein." Der Frosch klebte sich also nun, so gut er es vermochte, mit seinen weit gespreizten Froschhänden fest an die Schuppen seines neuen Kameraden, und hui, dann ging es Huckepack den Bachlauf hinab, dass das Wasser nur so spritzte! Und am Abend, nach kurvenreicher und spaßiger Fahrt, setzte der Fisch den Frosch am Ufer nahe einer Lichtung ab.

„Nun heißt es Abschied nehmen", sagte der Fisch. „Es war schön mit dir. Ich wünsche dir eine gute Weiterreise. Vielleicht sehen wir uns wieder, wenn du eines Tages zurückkehrst." Dem Frosch fiel der Abschied schwer, aber er wusste nun, ein Fisch ist eben keine Seerose, bei der man für immer bleiben kann.

Am nächsten Morgen, als der Frosch aus einem erholsamen Schlaf erwachte und gerade wohlig seine Froscharme dehnte und seine Froschschenkel streckte, da erblickte er plötzlich ein großes, buschiges Etwas, das auf der Lichtung beständig im Gras hin und her huschte. Der Frosch erinnerte sich daran, was der Fisch zu ihm gesagt hatte: Er solle nach etwas suchen, das ihn dauerhaft und mühelos tragen könnte. Dieses Etwas erschien ihm stark genug, um ihn tragen zu können. Sein Fell war weich und griffig, so dass er mit seinen Froschhändchen sehr gut Halt darin finden würde. Auch würde er die Lichtung, auf der dieses Etwas lebte, leicht wiederfinden. Etwas Beständiges sollte er doch suchen, zu dem er immer wieder zurückfinden konnte, so hatte es der Fisch formuliert. Und eine Heimat würde sie sein, seine Seerose. Könnte nicht dieses Etwas auf der Lichtung seine Heimat werden? Ach, das wünschte sich der Frosch plötzlich heiß und innig. Denn dieses Etwas war unbeschreiblich schön!

Also hüpfte der Frosch mit klopfendem Herzen dem schönen Wesen hinterher, und als es ihn ignorierte, machte er sich durch lautes Singen bemerkbar. Immerhin blickte nun das Wesen in seine Richtung. Das Herz des Frosches machte einen Freudensprung: Es hatte ihn bemerkt! Wie wunderbar!

„Was machst du denn hier?", fragte das Wesen neugierig und hüpfte näher auf den Frosch zu.

„Könntest du mich bitte tragen? Ich suche eine Seerose, die mich dauerhaft und mühelos tragen kann, zu der ich immer zurückfinde, die mir meine Heimat wird und bei der ich für immer bleiben kann. Bist du meine Seerose?"

Das Wesen kicherte nun lauthals und konnte sich erst gar nicht mehr beruhigen.

„Was? Für eine Seerose hältst du mich? Nein, ich kann leider keine Seerose für dich sein! Ich könnte dich zwar dauerhaft und mühelos tragen und gern auch ein Stück Weges weiterbringen, aber Seerosen leben doch im Wasser! Hast du das vergessen? Du musst nach etwas suchen, das im gleichen Element zu Hause ist wie du. Sonst wirst du nur Enttäuschungen erleben. Ich bin ein Eichhörnchen und wohne hoch oben in den Bäumen."

„Oh", sagte der Frosch, und er fühlte nun tatsächlich eine Art Enttäuschung, denn das Eichhörnchen war so außerordentlich schön und er hatte sich sehr gewünscht, dass es seine Seerose gewesen wäre. Aber es tröstete ihn, dass ihn das Eichhörnchen für eine Weile tragen wollte. Also setzte sich der Frosch auf den braunroten, bepelzten Rücken seines neuen Gefährten und hui, nun ging es hinauf in die Baumwipfel, wo der Frosch noch nie gewesen war. Das war aufregend! Er hatte zwar noch keine Seerose gefunden, aber welcher Frosch sieht schon einmal die Welt von so weit oben?

Das Eichhörnchen trug den Frosch noch eine ganze Weile mit sich herum und es flitzte später am Ufer des Baches entlang bis zu einem Wasserfall, der sich in ein großes, teichartiges Becken ergoss. Dort hieß es den Frosch wieder herabklettern ins Gras. Nun war der Frosch viel schneller vorangekommen, als er es sich erträumt hatte.

„Vielen Dank", sagte der Frosch. „Ich bin froh, dass ich dich kennen gelernt habe. Vielleicht sehen wir uns wieder?"

Das Eichhörnchen aber antwortete: „Wiedersehen? Ich weiß nicht, ob wir das schaffen. Es hat mir Spaß gemacht, mit dir herumzuklettern. Aber du bist nicht von meiner Art. Du gehörst den Wassern, ich gehöre den Wäldern. Ich bin mal hier, mal dort. Dennoch, gehab dich wohl! Ich habe dir eine gute Stelle für deine Suche nach deiner Seerose ausgewählt. Viel Glück!" Mit diesen Worten verschwand das Eichhörnchen hinter den Bäumen. Dem Frosch fiel der Abschied schwer. Er hatte viel von ihm gelernt, das war Grund genug, um traurig über den Verlust dieses fröhlichen Gesellen zu sein.

Am nächsten Morgen erblickte der kleine Frosch etwas Helles in dem Teich, an dem ihn das Eichhörnchen zurückgelassen hatte. Ob das wohl endlich seine Seerose war? Der Frosch wusste nun schon recht gut, wonach er suchen musste. Er musste etwas finden, das ihn beständig, dauerhaft und mühelos tragen konnte und das gleichzeitig im Wasser lebte, in seinem Element.

Vorsichtig geworden, glitt der Frosch langsam ins Wasser und schwamm auf das helle Etwas zu. Dort angekommen, kletterte er noch vorsichtiger auf den weißen Rücken des Gebildes.

Nichts geschah. Ringsum strömte gemächlich das Wasser, das sich in dem Becken sammelte, die Luft war lau und klar, und gelegentlich schwirrte sogar einmal eine Fliege vorbei, nach der er schnappen konnte. Das Etwas, auf dem er saß, sagte jedoch nichts. Es protestierte nicht. Es sagte aber auch nicht, ob es ihm angenehm war, dass er auf ihm hockte.

„Ich suche meine Seerose, die im Wasser lebt und die mich trägt und bei der ich für immer bleiben kann. Bist du meine Seerose?", fragte der Frosch.

Doch das Etwas blieb stumm.

Der Frosch wusste nun nicht genau, wie er handeln sollte. Sollte er hierbleiben, auf diesem seltsamen Etwas, das ihm keine Antworten gab, ihn aber trug und sich im Wasser befand? Die beiden Bedingungen, die er von dem Fisch und von dem

Eichhörnchen gelernt hatte, erfüllte das Ding ja, ohne Zweifel. Aber es erschien ihm doch seltsam tot und eintönig. Irgendwie war sich der Frosch sicher, dass eine Seerose mit ihm gesprochen hätte.

Der Frosch blieb über eine Woche auf dem Etwas sitzen, denn er war mit sich selbst noch nicht einig, ob er diesen eigentlich doch recht gastlichen Ort verlassen sollte. War dies nun das Richtige für ihn? Konnte dies eine Seerose sein? Eine Seerose war ja nicht nur ein sicherer Ort zum Ausruhen im Wasser. Nein, eine Seerose war eine Heimat, aber zu einer Heimat gehörte auch ein geistiger Austausch, ein zartes Gespräch, ein Teilen von Freude über das Sonnenlicht, den Mondenschein, das Murmeln des Wassers, ja über die Existenz des Lebendigen an sich.

„Was ist dieses Ding, auf dem ich sitze?", fragte der Frosch schließlich die Libellen, die über dem Wasser in der Luft schwebten.

„Du sitzt auf einem Stein, du Frosch!", antworteten die Libellen sirrend.

Nein, so gastlich dieser Stein auch war, der Frosch entschied sich, sich von ihm zu trennen. Diese Trennung fiel ihm am schwersten von allen, denn der Stein hatte ihn, ohne viel zu fragen, sicher getragen, und er war im Wasser gelegen. Aber der Frosch suchte nach einer Seerose, und die würde auch mit ihm sprechen.

„Eine Seerose ist etwas Lebendiges", dachte der Frosch. Ich muss nach etwas Lebendigem suchen, das mich trägt und in meinem Element lebt. Etwas, das sich an mir erfreut wie ich mich an ihm erfreue."

Wir wünschen dem Frosch viel Glück. Unweit des Wasserbeckens gibt es noch einen anderen kleinen Teich. Vielleicht findet er dort seine Seerose, vielleicht muss er aber auch noch viel weiter wandern. Sicher ist, dass der Frosch, je mehr er erfährt, je mehr er kennen lernt, auch klarsichtiger wird, was das eigentliche Wesen der Seerose ist und was sie für ihn bedeutet. Er wird sie erkennen, wenn sie eines Tages vor ihm liegt.

DIE SEHNSUCHT
DES PFERDCHENS

(EINE GESCHICHTE OHNE ENDE)

Es war einmal ein kleines Pferdchen. Es hatte es nicht schlecht in seinem Stall, den es mit anderen Reitpferden teilte. Der Stall gehörte zu einem großen Gut, und die Söhne des Bauern pflegten die Tiere redlich und ritten aus, so oft es ihre Zeit zuließ.

Eines Tages, als die Söhne des Bauern wieder gemeinsam ausritten, ging es durch einen großen Wald. Das Pferdchen war noch nie so weit gekommen und sah sich staunend um. Bisher hatten sich seine Ausritte immer nur auf die umliegenden Felder beschränkt. Doch nun trabten die Pferde und ihre Reiter weit hinaus in unbekannte Gegenden. Das kleine Pferdchen genoss die Abwechslung. Als die Gesellschaft jedoch an einem Felsvorsprung Rast machte, geschah mit ihm etwas Seltsames.

Während sich die Bauernsöhne ihr Vesperbrot schmecken ließen, ließen sich die Pferde den Wind um die Nüstern wehen und blickten sinnend hinaus in die Landschaft. Da sah das kleine Pferdchen vor sich ein Tal von so gewaltiger Schönheit und Verheißung, dass sein Herzchen in der Brust stärker zu schlagen begann als je zuvor. Dort unten, in jenem unbekannten Tal, wo wilde Flüsse sich reißend wanden, wo Wald und Gehölz ursprünglicher schienen als alles, was das Pferdchen bisher kannte, dort wollte es sein und nirgendwo sonst. Weit draußen, hinter wildem Land und vielen Hügeln versteckt, da leuchtete eine liebliche Lichtung mit Apfelbäumen. Dieser Ort erschien dem Pferdchen als das Paradies. Es kannte diesen Ort zwar nicht, aber es schien ihn zu erkennen als seine Heimat. Dort wollte das Pferdchen leben und sterben, wenn es sein musste.

Niemand weiß, was in einem Pferd vorgeht, wenn es sinnend in die Lüfte starrt. Auch die Bauernsöhne wussten nicht, was dem Pferdchen an diesem Tag geschehen war. Fröhlich schwatzend nahmen sie alsbald den Ritt wieder auf und kamen mit ihren Pferden erst spät nachts wieder zurück in den heimatlichen Stall.

Das Pferdchen aber träumte nun jede Nacht von dem Ort seiner Sehnsucht. Wenn es tagsüber ans Ausreiten ging, dann hoffte es insgeheim, der Ritt würde heute zu dieser Lichtung führen, an die es ständig denken musste. Aber dorthin war es viel zu weit. Bald sah das Pferdchen ein, dass es so, auf diese Weise, niemals dorthin gelangen würde, wo es sein wollte.

Also entschloss sich das Pferdchen zu einer ungewöhnlichen Tat. Obwohl es nicht über sein Leben im Stall klagen konnte, beschloss es, auf eigene Faust den Weg in das unbekannte Tal zu finden. Eines nachts, als der Mond besonders hell schien und ihm den Weg leuchten konnte, zerbiss das Pferdchen sein Halfter, trat mit Wucht gegen die Stalltüre, so dass die anderen Pferde aus dem Schlaf schreckten, und sprang hinaus ins Freie.

Schnell galoppierte das Pferdchen über den Boden, der noch die vom Tage aufgestaute Wärme abdampfte. Die Erde stob unter den Hufen. Das Klopfen seiner fliegenden Flanken mischte sich mit dem Klopfen seines Herzens zu einem gemeinsamen Rhythmus.

Dort, wo es in den Wald hineinging, in den sie an jenem bedeutsamen Tag geritten waren, bog das Pferdchen vom Weg ab. Es fühlte, in welche Richtung es sich wenden musste. Sein Galopp war so wild wie die urwüchsige Landschaft des welligen Tals, das es damals von oben gesehen hatte. Nun stand manch ein Fels im Weg, manch ein Hügel musste umgangen oder erklommen werden, manch ein reißender Fluss musste durchschwommen werden. Das Pferdchen spürte die Müdigkeit nicht und auch nicht die Kälte der Fluten, durch die es sich schlagen musste auf dem Weg zu seinem Ziel.

Im Morgengrauen schließlich stand das Pferdchen endlich in greifbarer Nähe zu der Lichtung, die seine große Sehnsucht geworden war. Das kleine Pferd jubelte innerlich vor Freude, und weithin konnten die Tiere des Waldes sein freudiges, erregtes Wiehern vernehmen.

Die Apfelbäume auf der Lichtung schimmerten schöner im Morgenlicht, als es sich das Pferdchen erträumt hatte. Das Gras schien grüner und weicher als jedes andere Gras, das es bisher gesehen oder gar gefressen hatte. Sogar ein lieblicher, glucksender Bach schlängelte sich mittendrein, dessen Wasser klar und rein zu sein schien.

Wie jäh aber wurde die Freude des Pferdchens zerstört, als es vor sich einen gähnenden Abgrund wahrnahm. Es konnte die Lichtung seiner Träume zwar sehen, ja, sie war zum Berühren nah. Doch war der Weg dorthin auf völlig unerwartete Weise versperrt. Vor seinen Hufen öffnete sich eine Felsspalte, die so tief und steil hinabfiel, dass dem Pferdchen beim Hinunterblicken schwindlig wurde. Die Felsspalte war aber nicht nur tief, sie war auch so breit, dass an ein Hinüberspringen auf die Lichtung nicht zu denken war. Weit unten schäumte ein rasender, wütend gurgelnder Fluss aus trüben Wassern, und drohende, spitze Felsen lagen dicht an dicht darin, an denen jeder noch so wagemutige Springer gnadenlos zerschellen würde. Gefährlich grollte es von tief unten herauf, und für einen kurzen Moment hatte das Pferdchen, obwohl es ja schäumendes braunes Wasser war, das dort unten brodelte, die Vision eines schwarzen Feuerschlunds, der es gierig verschlingen würde, wenn es dem Abgrund zu nahe käme.

Wild war das Herzweh des Pferdchens. Nun war es doch so weit gekommen, nur um sehen zu müssen, dass es keinen Weg zu seiner Lichtung gab. Verwirrt galoppierte es am Rande der Felsspalte auf und ab. Doch dieser Abgrund schien auf magische Weise endlos, er erstreckte sich so weit das Auge messen konnte quer durch das ganze Land bis an den Horizont.

Erneut vernahmen die Tiere im Walde das Wiehern des Pferdchens, doch nunmehr als endlose, verzweifelte Klage. Wie klingt ein Lied am Ende des Wegs, wenn der Weg kein Ende hat?

Kraftlos und mit hängendem Kopf nahm das Pferdchen den Rückweg auf. Blind war es für die Schönheit der Natur, durch die es bebend taumelte. Ich weiß nicht, ob Pferde weinen können, aber wenn sie es können, dann weinte das Pferdchen an diesem Morgen. Erschöpft und zerschunden kam es schließlich wieder zu Hause an. Die Bauernsöhne waren erschrocken, als sie das Pferdchen sahen, aber doch glücklich, dass es wieder da war. Sie rieben es mit Stroh ab und gaben ihm zu trinken.

Das Pferdchen lebte noch lange in seinem Stall, auf seinem Gut. Es hatte seit dem Tag, als es versucht hatte, seine Lichtung zu erreichen, stets ein wenig traurige Augen. Aber dass es Grund zur Klage gehabt hätte, konnte niemand behaupten. Die Bauernsöhne kümmerten sich um die Pferde wie zuvor. Das Leben ging seinen Gang. Nur im Innern eines kleinen Pferdchens war eine große Sehnsucht zerbrochen. Man sagt, dass angeblich die Zeit alle Wunden heilt. Das Pferdchen muss nun wohl auf derlei Heilung hoffen und in der Zwischenzeit seinen eigenen inneren Kampf ausfechten. Denn niemand kann ihm sagen, ob diese eine Lichtung tatsächlich das Paradies gewesen wäre oder nicht. Niemand kann ihm ansehen, was es erlebt hat. Und ein kleines, fragendes, leise trauerndes Wiehern webt sich nun manchmal des Nachts als zitternder

Klang in das Getöse der großen, weiten, betriebsamen Welt.

DER KÖNIG
UND DIE EDELSTEINE

(EINE GESCHICHTE ÜBER DAS GLÜCK)

Es war einmal ein junger Prinz. Sein König-
reich hatte viele Wälder, Berge und Küsten,
die der Prinz sehr gut kannte und oft zu Pferde
durchritt. Am liebsten jedoch ging er zu Fuß am
Strand spazieren, um nach Steinen und Muscheln
zu suchen und den Wind zu hören, das Salz des
Meeres zu riechen und dem ewig wiederkehrenden
Rollen der Wellen zu lauschen.

So kam es, dass der Prinz eines Tages in einer
kleinen Bucht spazieren ging, die so versteckt lag,
dass niemand vorher sie betreten hatte. Der Prinz
wunderte sich, denn auch er kannte diesen Strand
noch nicht, obwohl er doch gedacht hatte, dass er
alle Strände seines Landes schon gesehen habe. An
diesem Morgen würde etwas Besonderes geschehen, das spürte er.

Und tatsächlich, während er langsam im feuch-
ten Sande wanderte, erblickte er auf einmal inmit-

ten all der schimmernden Muscheln und Steine einen großen, funkelnden Edelstein von außergewöhnlicher Schönheit. Mit großem Erstaunen betrachtete der Prinz diesen Stein und hob ihn schließlich auf, um ihn in seiner Hand zu wiegen.

Der Stein strömte eine große Wärme aus, er fühlte sich plötzlich sehr glücklich und frei. Und er wusste, dass dieser Stein für ihn bestimmt war, um mit seinen magischen Kräften sein Herz froher und reicher zu machen. So nahm er guten Mutes diesen Stein mit sich, trug ihn nach Hause in sein Schloss und ließ sich eine Fassung aus Silber und Gold anfertigen, in die der Stein genau hineinpasste.

Von nun an trug der Prinz diesen Stein jeden Tag und jede Nacht an einer Kette an seiner Brust, und der Stein brachte ihm Glück und Segen. Als er später König wurde, war er ein gerechter und guter König, denn sein Herz war froh und warm, seine Gedanken klar und ohne Berechnung. Immer, wenn er eine Entscheidung zu treffen hatte, umfasste er heimlich seinen Stein und fragte auch ihn, was er tun würde, und dies war gut, denn der Stein gab seinem Herzen immer eine Antwort.

Doch einmal begab sich der junge König auf eine wilde Jagd zu Pferde. Mit seiner Reiterschar und vielen Hunden ging es über Stock und Stein, und als er am Abend zurückkehrte, da bemerkte er mit Entsetzen, dass sein Edelstein während der Jagd aus seiner Fassung gesprungen und verloren gegangen war.

Nun schmerzte sein Herz, denn er hatte sich an den wundervollen magischen Stein gewöhnt und der König wollte nicht ohne ihn sein, da der Stein ihm doch über all die Jahre so viel Gutes gebracht hatte.

Der König ritt mehrere Tage lang aus, um den Stein zu suchen. Er durchstreifte die Wälder, in denen er gejagt hatte, wanderte die Küsten ab, stieg auf die höchsten Berge. Doch nirgendwo konnte er seinen Stein finden. Er war unrettbar verloren.

Da verfiel der König in tiefe Trauer. Tagelang konnte er nichts essen, er konnte nicht schlafen, ja, er konnte nicht einmal mehr klar denken. Das Glück schien von ihm gewichen zu sein und er fühlte sich allein und leer. Sein magischer Stein war sein treuster Gefährte gewesen in all diesen Jahren, er hatte ihm Kraft gegeben, gerecht zu regieren und die richtigen Entscheidungen zu treffen. Nun war der König wieder auf sich allein gestellt.

Das Herz des Königs wollte nicht wieder so recht froh werden, da er wusste, dass er etwas Unwiederbringliches verloren hatte. Aber ob er wollte oder nicht, der König musste weiter regieren und weiter Entscheidungen treffen, auch ohne den Stein. Also tat er das. Er achtete noch immer auf die Sorgen und Nöte des Volkes, änderte störende Gesetze und führte seinen Hofstaat so gut er es vermochte. Und siehe da, auch ohne den Stein war er ein gerechter und von allen verehrter König.

Nach einiger Zeit ging der König wieder öfters am Strand spazieren, so wie er es früher getan hatte. Insgeheim hoffte er, vielleicht wieder einen magischen Stein zu finden.

„Wenn ich noch einmal so einen ganz besonderen Stein finde, dann wird mir das Kraft und Glück bringen. Ich habe es schon erlebt, vielleicht erlebe ich es wieder", dachte der König bei sich. Die leere

Fassung trug er immer noch an der Kette um seinen Hals.

Eines Tages fand der König am Strand einen großen Stein, der in seiner Form ganz dem ähnelte, den er verloren hatte. Freudig nahm er den Stein in die Hand und sah, dass er in die Fassung sehr gut passen würde. Doch der Stein war kein Edelstein, sondern ein einfacher Stein vom Grunde des Ozeans, den die Meereswellen an den Strand gespült hatten.

„Nein, dies ist nicht der richtige Stein", dachte der König. „Der Stein ist hübsch, aber nicht magisch." Er nahm ihn dennoch mit auf sein Schloss und legte ihn auf das Kaminsims in seinem Wohnzimmer. Dort vergaß er ihn.

Zeit verstrich und eines anderen Tages erblickte er wieder einen besonderen Stein am Strande. Vorsichtig hob der König auch diesen auf, und diesmal geschah das lang Erwartete. Wieder strömte Wärme durch seine Hand bis tief in sein Herz, und der König fühlte sich wunderbar. Dies war ein magischer Stein, welch seltenes Glück! Der Stein passte auch fast in seine alte Fassung, man musste nur einige Golddrähtchen neu biegen, und er könnte den neuen Stein an seinem Herzen tragen.

Da aber zögerte der König plötzlich und runzelte die Stirn. Eigentlich wollte er keine Golddrähtchen an seiner Fassung neu biegen. Und ob der gefundene magische Stein auch gleichzeitig ein echter Edelstein war, das konnte er auch nicht so recht erkennen. Außerdem, so dachte der König, hatten sich inzwischen die Umstände verändert: Damals, als er seinen ersten Stein gefunden hatte, war er noch ein Prinz gewesen. Inzwischen aber war er ein König und er musste eine Krone tragen. Ein neuer Stein müsste also nicht nur in seine Fassung, sondern auch in seine Krone passen, grübelte er, denn bei besonderen Gelegenheiten wollte er den Edelstein an seiner Krone tragen. Das gehört sich so für einen echten König.

Seine Krone hatte eine leere Stelle, an der man einen Stein einfügen konnte. Also hielt der König den magischen Stein, den er gefunden hatte, an seine Krone. Er verfiel in düstere Verzweiflung, als er feststellte, dass der Stein zwar in seine alte Fassung, aber nicht in seine Krone passte. Die Stelle in der Krone, wo ein Stein hineingearbeitet werden konnte, hatte eine völlig andere Form. In jäh aufwallendem, bitterem Schmerz schleuderte der König den kostbaren Fund weit ins Meer hinaus.

Es vergingen Monate und Jahre. Der König fand noch viele Steine am Strand. Ob noch magische Steine dabei waren oder Edelsteine? Oder waren es nur normale Steine vom Meeresgrund, die dann wahrscheinlich neben dem anderen auf dem Kaminsims des Königs landen würden? Würde einer der Steine in seine Fassung passen oder in seine Krone?

Und wenn ein Stein nun wieder nur in die Fassung passt und nicht in die Krone, wird der König ihn dann erneut wegwerfen, auch wenn er magisch sein sollte? Oder… vielleicht passt er ja auch in beides auf einmal, in Fassung und Krone, wobei das doch, unter uns gesagt, eher unwahrscheinlich ist, denn die Fassung und die Stelle in der Krone haben ja unterschiedliche Formen. Und wenn ein magischer Stein nun doch in beides passen würde, was ans Unmögliche grenzt, wird es dann nicht vielmehr so sein, dass der König diesen mit seinem ersten Stein vergleicht und ihn von Neuem weit hinausschleudert ins Meer?

DER MITFÜHLENDE HUND

(EINE GESCHICHTE ÜBER POLITISCHE VERHÄLT-
NISSE, MORALISCHE VORSTELLUNGEN UND DIE
GRENZEN DER KOMMUNIKATION)

Auf einer Insel inmitten des rauen Ozeans, fernab von allen Ländern von denen wir wissen, lebten nur Wölfe und Hunde, abgesehen von allerhand Kleinstgetier, das den Hauptbewohnern als Nahrung diente. Die Insel war in zwei große Reviere eingeteilt: das Revier der Hunde und das Revier der Wölfe.

Die Wölfe hatten ein gutes Leben. In ihrem Revier gab es üppigen Dschungel, fruchtbare Hügel voll saftgrünem Gras und Steppenland, so weit das Auge reichte. Es gab genug Nahrung für alle, denn die Jagdbeute gedieh hier prächtig. Im Wolfsrevier lebten Wölfe und Hunde gleichermaßen, doch da man sie äußerlich kaum voneinander unterscheiden konnte und es ausreichend Futter gab, störte sich niemand daran. Kaum ein Wolf oder Hund machte sich die Mühe, genauer hinzuschauen und darüber nachzudenken, ob das Tier, das einem begegnete, nun ein Hund oder ein Wolf war. Es ging allen gut, also waren alle gleich.

Im Hunderevier war das Leben jedoch weniger angenehm. Auch hier mochte es wohl gleichermaßen Wölfe und Hunde geben, doch fast alle waren sie äußerst abgemagert, und das war auf dieser Seite der Insel der Grund, warum man Hunde und Wölfe im Revier nicht unterscheiden konnte. Von wenigen Ausnahmen abgesehen litten alle Hunger, also waren auch sie alle gleich.

Der Grund, warum es im Hunderevier nicht genug Nahrung gab, war unklar. Es mochte daran liegen, dass ihr Land weniger fruchtbar war und weniger Kleingetier dort lebte, das die Hunde fressen konnten. Aber es gab auch Gerüchte, dass die Bewohner aus dem Wolfsrevier nachts heimlich Nahrung aus dem Hunderevier raubten, so dass die Futterbestände im Hunderevier aufgebraucht wurden und die Futterbestände im Wolfsrevier erhalten blieben. Hin und wieder kam es Berichten zufolge auch vor, dass Wölfe ihnen interessant erscheinende Landstriche des Hundereviers überfielen und einige Hunde bei diesen Angriffen starben. Das führte zu Unmut und Protest. Aber auch die Hunde selbst machten sich das Leben schwer und führten Kämpfe untereinander, wobei es wohl eher die Wolfartigen unter ihnen waren, die diese Kämpfe anzettelten. Dabei stahlen sie sich dann gegenseitig ihr Fressen. Nein, es war ein Glück, im Wolfsrevier geboren worden zu sein, dort waren alle satt und konnten unbehelligt leben. Und wer im Hunderevier geboren worden war, ach, der hatte ein schweres Los zu tragen, denn das Risiko war groß, an Hunger oder Krankheit zu sterben oder in eine Auseinandersetzung zu geraten und dabei sein Leben zu verlieren.

Im Wolfsrevier kamen ein Hund und eine Hündin zusammen und unterhielten sich.

„Die Welt ist ungerecht", sagte der Hund. „Die Wölfe aus dem Wolfsrevier stehlen den Hunden im Hunderevier ihre Nahrung. Die Wölfe sind schlecht."

„Ja, die Welt ist ungerecht", sagte die Hündin. „Es ist gut, dass du Mitgefühl hast! Man sollte den

Hunden im Hunderevier helfen, ihr Revier wieder in Ordnung zu bringen. Und den Wölfen aus dem Wolfsrevier muss man verbieten, Nahrung aus dem Hunderevier zu stehlen oder Hunde zu überfallen." Die Hündin fühlte sich gedanklich mit dem Hund verbunden.

„Ha", sagte der Hund. „Die Wölfe werden nicht von alleine aufhören, die Hunde im Hunderevier auszurauben oder umzubringen. Sie werden immer weiter Unrecht tun. Man muss sie töten."

Da widersprach die Hündin. „Töten ist immer ein Unrecht", sagte sie. „Wenn Wölfe Hunde ausrauben oder töten, ist das ein Unrecht. Aber wenn man einen Wolf tötet, dann ist das auch Unrecht."

Der Hund erwiderte: „So ist das Leben nicht. Wenn du ein Hund im Hunderevier wärst und ein Wolf käme, um dich oder deine Familie zu töten, würdest du dann nicht den Angreifer zuerst umbringen, wenn du die Gelegenheit dazu hättest?"

„Nun", erwiderte die Hündin, „wenn es um mein eigenes Fell gehen würde, ja, dann hätte ich keine Wahl." Und sie fühlte sich den Gedanken des

Hundes verbunden. „Aber", so fuhr die Hündin fort, „trotzdem wäre es ein Unrecht, von vornherein zu sagen, man solle alle Wölfe töten. Ich denke, dass man den Wölfen auf anderen Wegen beibringen kann, dass es wichtig ist, Gerechtigkeit zu üben. Ich glaube an die Vernunft. Mit Vernunft kann man begreifen, dass es nur Unruhe und Zorn hervorruft, wenn man Tiere aus dem anderen Revier ausraubt oder umbringt. Mit Vernunft kann man begreifen, dass Unruhe und Zorn im Hunderevier auch das Leben im Wolfsrevier bedroht, denn das steigert die Gefahr eines Krieges. Eines Tages wird auch der letzte Wolf dies verstanden haben, denn wir sind lernfähig. Wir müssen lernen, zu teilen. Und es gibt genug Tiere im Wolfsrevier, die dieser Meinung sind."

Der Hund knurrte. „Wölfe wollen nicht teilen. Sie sind von Grund auf böse. Man muss sie alle umbringen, damit das Recht waltet."

„Man kann doch aber nicht Recht mit Unrecht erkaufen!", rief die Hündin aus. Sie fühlte sich nun den Gedanken des Hundes nicht mehr verbunden.

„Wenn du dich im Hunderevier aufhältst, dann hat jeder Hund dort das Recht, dich zu töten", sagte der Hund. „Denn du bist für sie der Feind. Du bist aus dem Wolfsrevier."

Nun war die Hündin vollends empört. „Niemand hat das Recht, niemanden zu töten!", rief sie. „Außerdem bin ich eine Hündin, auch wenn ich im Wolfsrevier geboren worden bin. Ich habe noch niemals jemandem etwas zu Leide getan. Wie kannst du dann sagen, die Hunde im Hunderevier hätten das Recht, mir etwas anzutun?"

„Du lebst im Wolfsrevier und profitierst von dem Unrecht, das die Wölfe begehen", sagte der Hund. „Weil die Wölfe rauben, geht es auch dir gut in diesem Revier. Also bist du genauso schlecht wie die Wölfe, es sei denn, du unternimmst etwas gegen die Wölfe. Man muss die Wölfe töten, es gibt keinen anderen Weg. Und wenn du nicht dafür bist, bist du ein Feind der Hunde."

„Aber es gibt doch überall, in beiden Revieren, Hunde und Wölfe!", sagte die Hündin, einen letzten Versuch wagend, den Hund zu überzeugen.

„Im Wolfsrevier gibt es Wölfe und es gibt Hunde. Und im Hunderevier gibt es auch Wölfe, die allerhand Schaden anrichten können und die Böses tun. Hast du darüber schon einmal nachgedacht?"

Der Hund blieb bei seiner Haltung. „Wenn du im Wolfsrevier geboren bist, bist du ein Wolf, es sei denn, du unterstützt die Position der Hunde. Und die Wölfe im Hunderevier? Nun, die gibt es, aber die können dort kaum Schaden anrichten. Die größten Verbrechen begehen die Wölfe aus dem Wolfsrevier. Diese sind es, die man beseitigen muss."

Die Hündin starrte den Hund an. Sie konnte kaum glauben, was er da sagte. Dass Unrecht geschah, verstand sie. Aber dass man Unrecht mit Unrecht bekämpfen sollte, verstand sie nicht. Hatte der Hund Recht? Hatte sie Recht?

Wie auch immer, der Hund und die Hündin sprachen nicht mehr viel miteinander, bevor sie endgültig auseinander gingen.

„Ich glaube, du bist selbst ein Wolf...", flüsterte die Hündin, mit einem leichten Schaudern beim Anblick des Hundes, der ihr gegenüberstand.

„Nein, du bist ein Wolf, solange du nicht selbst den Tod der Wölfe unterstützt", grollte der Hund zwischen den Zähnen zurück, während seine Augen in der Nacht rot funkelten.

DER MÜLLERSSOHN UND DAS SCHNEIDERLEIN

(EINE GESCHICHTE ÜBER GEDULD)

Es waren einmal ein Müllerssohn und ein junges Schneiderlein, die lebten in einem kleinen Dorf. Die beiden waren befreundet und wollten eines Tages gemeinsam auf Wanderschaft gehen, um ihr handwerkliches Können auch an anderen Orten unter Beweis zu stellen. So schnürten sie eines Morgens ihre Ränzlein und zogen in die Welt hinaus.

Nachdem sie eine Weile gelaufen waren, wurde es sehr heiß, denn es war Sommer und beim Wandern kamen die Burschen in der Mittagshitze ins Schwitzen.

„Ach, mir ist so warm", sagte der Müllerssohn. „Kannst du mir nicht helfen, meinen Ranzen zu tragen? Er wird mir so schwer! Du bist doch mein Freund!"

„Wenn`s weiter nichts ist", sagte das Schneiderlein und schnallte sich den Rucksack seines Freundes neben seinen eigenen auf den Rücken.

So gingen die beiden weiter und pfiffen ein Lied vor sich hin.

An einer Wegkreuzung machten die beiden Rast, um etwas zu essen, denn sie waren hungrig geworden.

„Lass uns zuerst von deinem Vorrat essen. Meine Vorräte werden uns später noch gute Dienste leisten", schlug der Müllerssohn vor.

„Gern, wie du willst", sagte das Schneiderlein, und sie teilten das Essen, was der junge Schneider eingepackt hatte.

Am Abend erreichten sie schließlich ein anderes Dorf. Da es schon spät war, beschlossen sie, für diese Nacht einfach in einem Gasthof zu übernachten. Dort aßen sie auch ihr Abendbrot und tranken etwas Wein. Als der Wirt mit der Rechnung kam, sagte der Müllerssohn: „Bezahl du die Rechnung heute Abend. In meiner Geldbörse ist nicht viel, und das Wenige, was darin ist, wird uns später noch eine eiserne Reserve sein."

„Wie du möchtest", antwortete der Schneider gutmütig und bezahlte die Rechnung.

„Ich muss in einem ordentlichen Bett schlafen", sagte der Müllerssohn. „Vom Wandern tun mir alle Knochen weh. Ich werde ein Zimmer nehmen."

„Tu das!", sagte der Schneider. Er aber zog es vor, im Stall im Heu zu schlafen.

Am nächsten Morgen trafen sich der Müllerssohn und das Schneiderlein wieder in der Wirtsstube. Der Müllerssohn war gut gelaunt und streckte wohlig seine Glieder.

„Ach, ich habe gut geschlafen, will ich meinen!", rief er fröhlich. Der Schneider lächelte ihn an und lud ihn zu einem Morgentrunk, einem großen Glas Milch, ein.

Als der Wirt nach der Bezahlung für das Zimmer fragte, blickte der Müllerssohn das Schneiderlein fragend an. „Kannst du auch das aus deiner

Geldbörse nehmen? Du weißt schon, meine Geld-vorräte sind ja unsere Reserve!"

Der Schneider nickte bloß und bezahlte auch diese Rechnung.

Die beiden Freunde suchten nun nach einer Mühle im Dorf, wo der Müllerssohn sich verdingen konnte. Bald hatten sie den Müller des Dorfes ge-funden, und der war froh, so unerwartet Hilfe zu bekommen, denn er hatte sehr viel Arbeit. Sie ver-einbarten, dass der Müllerssohn und das Schneider-lein bei ihm essen und wohnen durften. Dafür musste der Müllerssohn in der Mühle helfen und der Schneider sollte der Familie ein paar neue Klei-der nähen. Die beiden Burschen waren zufrieden, dass sie zusammenbleiben konnten und machten sich beide gleich an ihre Arbeit.

Am Nachmittag hatte das Schneiderlein schon ein Kleid für die Frau Müllerin genäht, und er ging vom Wohnhaus hinüber zur Mühle, um seinem Freund Gesellschaft zu leisten. Der sah aber gar nicht glücklich aus.

„Ach, dieser Mühlstein ist viel schwerer als der, den wir zu Hause haben. Und das Korn ist so hart!", jammerte er. „Kannst du nicht ein Weilchen für mich mahlen? Ich bin müde!"

Das Schneiderlein nahm den Hebel des Mühlsteins in die Hand und begann, den Stein an Stelle des Müllerssohns zu drehen, damit sein Freund sich ausruhen konnte. So ging es wohl noch ein paar Stunden, bis es Abend war und die beiden ihr wohlverdientes warmes Essen bekamen.

„Kannst du morgen ein wenig früher kommen und mir helfen?", fragte der junge Müller den Schneider.

„Natürlich", antwortete dieser.

Am nächsten Tag nähte er ein wenig schneller, und noch vor dem Mittag hatte er, flink und geschickt, sein Tagwerk vollbracht. Zwei schöne Hemden hatte er genäht und mit Knöpfen versehen. Daraufhin eilte er in die Mühle und drehte den Mühlstein bis zum Abend.

„Wenn du schon frühmorgens kommst, um mir zu helfen, dann wäre es noch besser", sagte der Müllerssohn beim Abendessen.

„Ich will sehen, was ich tun kann", antwortete der Schneider.

An diesem Abend fragte er schon vor der Bettruhe den Müller nach dem Stoff und dem Auftrag für den nächsten Tag.

Er sollte einen Mantel anfertigen. Das war eine schwierige Aufgabe, denn der Stoff war sehr dick und schwer zu nähen. Dafür würde er einen ganzen Tag brauchen. Da der Schneider aber seinem Freund helfen wollte, entschloss er sich, des Nachts zu nähen und am Tage in die Mühle zu gehen. Also fragte er den Müller nach ein paar Kerzen, die er auch bekam, und machte den Mantel während der Nacht zurecht.

Am nächsten Morgen war er zwar etwas müde, aber der Müllerssohn war sein Freund und daher klagte er nicht, als er den ganzen Tag über den Mühlstein drehen musste. Sein Freund lobte ihn und war abends beim Essen in sehr guter Stimmung.

„Ja, so geht es schon mit dem Mahlen, wenn du mir hilfst", sagte der Müllerssohn zufrieden. „So können wir das immer machen. Dann können wir es hier schon eine Weile aushalten."

Also nähte der Schneider von nun an in der Nacht und mahlte den ganzen Tag in der Mühle. Der Müllerssohn kam meistens erst zur Mittagsstunde in die Mühle, wenn er ausgeschlafen hatte, und gab dem Schneiderlein dann gute Ratschläge, wie er den Mühlstein leichter drehen könnte.

Der Müllerssohn war guter Dinge, aber der Schneider war nach einigen Tagen sehr schweigsam geworden. Er hatte so gut wie gar nicht mehr geschlafen und sagte eines Abends zu seinem Freund:

„Morgen musst du alleine in die Mühle gehen. Ich bin müde."

„Was soll denn das heißen? Du bist doch mein Freund! Jetzt, wo gerade alles so gut läuft, willst du mich im Stich lassen? Das ist gemein!", rief der Müllerssohn aufgebracht.

Also nähte der Schneider wieder des Nachts und kam am nächsten Morgen in die Mühle. An diesem Abend sprach er jedoch erneut mit seinem Freund.

„Heute habe ich dir wieder geholfen. Aber ich brauche ein wenig Schlaf. Ich nähe in der Nacht und mahle am Tag seit sieben Tagen. Heute Nacht kann ich nicht mehr nähen. Ich möchte mich ausruhen. Daher muss ich morgen am Tage nähen und kann nicht zu dir in die Mühle kommen."

Der Müllerssohn schrie aber wieder laut auf, und von Neuem hieß es: „Was soll denn das heißen? Du bist doch mein Freund! Jetzt, wo gerade alles so gut läuft, willst du mich im Stich lassen? Das ist gemein!"

Da nähte der Schneider ein weiteres Mal in der Nacht und packte noch im Morgengrauen sein Ränzlein. Noch bevor der Müllerssohn aufgestanden war, verabschiedete er sich von dem Müller und seiner Frau, die etwas verwundert dreinblickten, warum er denn so plötzlich gehen wollte. Aber das Schneiderlein sprach nicht viel, bedankte sich nur artig und ging seines Weges.

Als die Mittagssonne am hellsten strahlte, stand der Müllerssohn auf und sah, dass sein Freund von dannen gezogen war.

„So ein schlechter Freund!", rief er laut am Tische, an dem er mit den Müllersleuten saß und an dem er wie jeden Mittag seine Milch trank. Der Müller und die Müllerin schauten ihn erstaunt an.

„Warum ist der junge Schneider denn ein schlechter Freund?", fragten sie.

„Er ist einfach gegangen, ohne mir ein Wort zu sagen", erklärte der Müllerssohn wichtig. „So etwas tut ein Freund nicht. Er hat mich allein gelassen. Wir hatten uns versprochen, alles gemeinsam zu tun. Aber er hat sein Wort gebrochen und sich als treuloser Freund erwiesen. Er ist ein schlechter Mensch! Aber das habe ich vorher nicht begriffen."

Die Müllersleute waren ratlos. Sie wussten nicht, was sie auf diese Klagen erwidern sollten. Wie sollten sie sich ein Bild machen? Die beiden

Burschen hatten stets selbstständig gearbeitet und sie hatten sie nicht beobachtet, denn die Arbeit, die getan wurde, war gut gewesen. Wie sollten sie entscheiden, ob der Schneider ein schlechter Mensch gewesen war oder nicht? Da aber nun mal der Müllersbursche vor ihnen saß und nicht das Schneiderlein, gaben sie dem Müllerssohn einfach Recht.

„So wird`s wohl sein, der Schneider muss ein schlechter Mensch sein", sagten sie zögernd und standen auf und ließen den Müllerssohn allein.

Der Müllerssohn aber packte noch am selben Tag sein Bündel und machte sich auf den Weg zurück in sein Heimatdorf. Als er auf der Straße dem Schneider begegnete, der schon im Dorfe eingetroffen war, ging er ihm aus dem Weg und würdigte ihn keines Blickes. Dafür erzählte er am Abend in der Wirtsstube allen, die dort waren, was für ein schlechter Mensch und was für ein treuloser Freund doch der Schneider sei. Die Dorfbewohner spitzten die Ohren und machten große Augen. Am nächsten Tag ging die Neuigkeit im Dorfe herum wie ein Lauffeuer: Der junge Schneider war ein schlechter Mensch und kein guter Freund! Als dem Schneider das zu Ohren kam, beschloss er, dem Müllerssohn ebenfalls aus dem Weg zu gehen.

Es gingen viele Jahre ins Land und der Müllerssohn wurde älter, und der Schneider auch. Eines Tages begegneten sich der Müllerssohn und der Schneider durch Zufall auf der Wiese vor dem Dorfe wieder.

„Warum nur bist du damals einfach weggegangen, von mir und unserer Mühle, ohne mir ein einziges Wort zu sagen?", fragte da der Müllerssohn. „Du hast mich im Stich gelassen!"

„Aber was sollte ich denn tun?", antwortete der Schneider. „Du hast doch täglich nach einem weiteren Nutzen verlangt, den ich dir erbringen sollte! Ich konnte dir nichts mehr freiwillig geben, da du so viel von mir erwartet hast. Es war nicht möglich, dein Freund zu sein, obwohl ich es wirklich gern wollte."

Da brach der Müllerssohn in Tränen aus.

„Ja, du hast Recht. Ich habe viel von dir verlangt und dich wohl ausgenutzt. Aber ich dachte immer, du hättest es nie bemerkt."

Da nahm der Schneidergeselle den Müllerssohn in den Arm und sie weinten beide über das, was mit ihnen geschehen war.

Die beiden grüßten sich nun wieder, wenn sie sich auf der Straße begegneten. Manchmal lächelten sie sich sogar an.

Der Zauber der unbefangenen Freundschaft von einst, als sie noch fröhlich singend und pfeifend durch die Lande zogen, der kam jedoch nie mehr zurück.

DER KLEINE FISCH

(EINE GESCHICHTE ÜBER DAS SCHWIMMEN)

Es war einmal ein sehr junger Fisch. Er lebte in einem großen Fischschwarm, der sich langsam und majestätisch durch den Ozean bewegte.

Das, was ein junger Fisch in seinem Leben zuerst lernen muss, ist natürlich das Schwimmen. Normalerweise lernt ein Fisch das Schwimmen von ganz allein, aber wie in allen Dingen gibt es auch beim Schwimmen so allerhand Kunstgriffe, die die Fortbewegung in einem Fischschwarm erleichtern. Die älteren Fische gaben sich Mühe, dem jungen Fisch so viel wie möglich über das Schwimmen beizubringen.

Aber der junge Fisch stellte sich an wie ein Ziegenbock. Nie wollte er zuhören, wenn man ihm etwas erklärte. Alles wollte er alleine machen. Wenn seine Lehrmeister ihm beibringen wollten, wie man im Wasser nach links oder rechts schwimmt, im Gleichtakt mit dem ganzen

Schwarm, da trieb der kleine Fisch nur Unsinn. Er schwamm, wie ihm die Flossen gewachsen waren und übte Pirouetten. Die Lehrmeister waren entsetzt.

Als der kleine Fisch älter wurde, gaben die anderen Fische es auf, ihm noch etwas beibringen zu wollen. Er war jetzt alt genug, dachten sie, und schwimmen konnte er auch, wenn er auch nicht so schwamm wie der Rest des Schwarms. Sollte er sich jetzt selbst um sein Futter kümmern! Bisher hatten die Fische den kleinen Fisch miternährt, denn das war so üblich unter den Fischen, solange die Fische klein waren.

Der kleine Fisch aber dachte im Leben nicht daran, sich um sein Futter zu sorgen oder sich in den Schwarm einzugliedern. Er wollte weiterhin nur so schwimmen, wie ihm die Flossen gewachsen waren, und noch mehr: Er wollte den anderen zeigen, auf wie viele unterschiedliche Weisen man schwimmen konnte! Er hatte zwar im Schwimmunterricht nicht aufgepasst, aber dafür hatte er selbst die unmöglichsten Arten zu schwimmen ausprobiert, ja, er wusste sogar, wie man auf dem Kopf, mit dem Bauch nach oben, schwimmen konnte. Das konnte so schnell kein Fisch nachmachen! Und es kam auch keiner so schnell auf die Idee. Und es hatte auch kaum einer Zeit dazu, denn die meisten Fische bemühten sich, im Gleichtakt mit den anderen Fischen zu schwimmen, und sie mussten sich ja auch um ihr Mittagessen kümmern. Außerdem: Welchen Sinn sollte es haben, mit dem Bauch nach oben zu schwimmen?

Trotzdem schwamm der kleine Fisch in den verrücktesten Stellungen und Haltungen, Kreiseln und Drehern den anderen vor der Nase herum und blubberte dabei: „Seht her, ihr Fische, so geht das Schwimmen!" Man frage nicht, warum er das tat.

Die Fische wunderten sich. Die meisten schüttelten nur ihren Fischkopf und sagten: „Ich verstehe diesen verrückten Kerl nicht. Was macht der da?" Und sie schwammen einfach weiter.

Andere Fische sagten: „Das sieht ja ganz nett aus, was der Kleine da macht. Aber er sollte sich lieber darum kümmern, etwas Futter zu suchen. Und im Gleichtakt mit dem Schwarm schwimmt

sich auch besser. Das ist doch viel zu anstrengend!"
Und sie schwammen auch weiter.

Wahrscheinlich wäre der kleine Fisch verhungert, wenn es nicht ein paar wenige Fische gegeben hätte, die sagten: „Oh, das ist ja wirklich außergewöhnlich, was dieser Fisch kann, ich habe etwas Neues über das Schwimmen gelernt!" Natürlich war das überhaupt nichts Neues, was der Fisch tat, die anderen Fische hatten bloß keine Zeit mehr dazu, sich selbst in allen Schwimmarten auszuprobieren, weil sie viel zu sehr damit beschäftigt waren, mit dem Schwarm zu schwimmen. Aber das wussten die anderen Fische nicht. Und so hatte der kleine Fisch manchmal Glück. Einige Fische erbarmten sich und gaben dem kleinen Fisch zwischen seinen ungewöhnlichen Vorstellungen ein bisschen von ihrem Futter ab.

Zugegeben, die Lebensweise unseres kleinen Fisches ist ungewöhnlich. Und er sieht immer ein wenig mager aus. Aber er ist glücklich. Und jeder muss so leben, wie es seiner Natur entspricht. Nicht alle Fische schwimmen im Gleichtakt mit dem Schwarm. Das steht auf jeden Fall fest.

DIE GESCHICHTE VOM KLEINEN DRACHEN UND TANILO

(EINE LANGE GESCHICHTE ZUM ABSCHLUSS)

In einem großen Wald in der Nähe eines Dorfes lebte ein kleiner Drache. Als Behausung diente ihm eine verlassene und sehr versteckt gelegene Höhle. Niemand wusste, wie er dorthin gekommen war, nicht einmal er selbst. Nachts schlief er tief und fest in seinem dunklen Felsenkeller, doch auch tagsüber verließ er die Höhle nur selten, denn die Tiere des Waldes fürchteten sich vor ihm. Sogar die Vögel stoben mit einem lauten, ängstlichen Gekreisch auseinander, wenn er sich gelegentlich in die Lüfte erhob, um seine Flügel ein wenig auseinanderzufalten und sich etwas Bewegung zu verschaffen.

Der kleine Drache war also sehr einsam, wie man sich vorstellen kann, und er war traurig darüber, dass alle Angst vor ihm hatten. Ins Dorf hatte er sich noch nie gewagt, denn er vermutete, dass die Menschen, die dort wohnten, sich noch mehr vor ihm fürchten würden als die Tiere.

Eines Tages hielt der kleine Drache seine Einsamkeit nicht mehr aus.

„Ich will ins Dorf fliegen und die Menschen davon überzeugen, dass ich nicht gefährlich bin", sagte er halblaut zu sich selbst. Und so, wie um seinen Entschluss zu bekräftigen, ließ er ein bisschen Dampf aus seiner Nase ab und spie ein wenig Feuer, um sich Mut zu machen.

Bei Einbruch der Abenddämmerung flog der kleine Drache los. Er dachte sich, dass er weniger furchterregend erscheinen würde, wenn man ihn im Halbdunkel des Abendlichts nur undeutlich sehen konnte.

Nach einer kurzen Weile hatte er das Dorf erreicht. Die Sonne hing schon rotgolden am Horizont und der Himmel tönte sich allmählich in ein geheimnisvolles Nachtblau. Der Drache drehte einige Runden über den Dächern der Häuser, um Ausschau nach einem geeigneten Landeplatz zu halten. Vielleicht gab es einen Marktplatz, wo er sich niederlassen konnte? Dort würde es bestimmt auch ein paar Menschen geben, mit denen er sprechen konnte. Vielleicht hatten die Dorfbewohner ja Mitleid mit ihm und würden ihn bei sich aufnehmen. Dann wäre er nicht mehr so allein.

Während der Drache sich dies alles dachte, hatten ihn schon einige Leute am Himmel erblickt. Sie zeigten aufgeregt nach oben, und bald waren alle Menschen aus ihren Häusern getreten. Sie brüllten sich gegenseitig etwas zu und begannen, wild durcheinanderzulaufen. Der Drache flog ein bisschen niedriger, um zu verstehen, was die Leute riefen. Da sah er, wie die Menschen sich bewaffneten. Die Männer holten lange Knüppel und Macheten und Spieße aus ihren Kammern, und die Frauen und Kinder rannten kreischend auseinander und versteckten sich in ihren Häusern. Ein besonders großer, muskelbepackter Mann warf mit lauten, wütenden Verwünschungen einen Speer nach ihm. Um Haaresbreite hätte er den kleinen Drachen getroffen! Vor lauter Schreck spuckte der arme Drache ein bisschen Feuer.

„Er setzt unser Dorf in Brand! Schnell, holt die Bogenschützen!", riefen die Männer aufgebracht. Da hatte der kleine Drache genug. Es kullerten ihm

die Tränen aus den großen Augen, dicke Drachen-
tränen, die gleich, nachdem sie über seine lange
Nase gerollt waren, über seinen heißen Nüstern mit
einem lauten Zischen verdampften. Ein paar kräfti-
ge Flügelschläge brachten ihn wieder höher in die
Luft hinauf und dann verschwand er so schnell er
konnte in Richtung Wald.

Der kleine Drache war verzweifelt. Die Menschen hatten so große Angst vor ihm, dass er nicht
einmal dazu gekommen war, mit ihnen zu sprechen! Entmutigt flog er den Weg zurück über die
hohen Wipfel der Bäume und verkroch sich schließlich traurig schniefend in seiner Höhle. Er zitterte
noch bei dem Gedanken, was passiert wäre, wenn
der Speer ihn getroffen hätte!

Was der kleine Drache noch nicht wusste, war,
dass die Menschen nach seinem Besuch Rat abhiel-
ten. Sie beschlossen, den Drachen im Wald zu suchen und zu töten, denn sie dachten, dass der Drache eine Gefahr für ihr Dorf sei. Am nächsten Morgen brachen die Männer des Dorfes gemeinsam mit

ihren Spießen und Bögen und Macheten auf, um den Drachen im Wald ausfindig zu machen. Der kleine Drache hörte am nächsten Morgen Lärm im Wald, denn er hatte sehr gute Ohren und konnte schon auf meilenweite Entfernung hören, was vor sich ging. Bald begriff er, was die Menschen vorhatten, und da begann er von Neuem am ganzen Körper zu zittern, noch mehr als am Abend zuvor. Von panischer Furcht erfasst kroch er in den tiefsten Winkel seiner Felsengruft hinein. Zum Glück war seine Höhle sehr gut versteckt, und so mussten die Leute am Abend in ihr Dorf zurückkehren, ohne den Drachen gefunden zu haben.

Was hatte der Drache den ganzen Tag über für Ängste ausgestanden! Die wilde Menschenmeute war mehrmals zwar in einiger Entfernung, doch deutlich hörbar vorbeigestampft, ohne seine Behausung zu entdecken. Der kleine Drache hatte nicht einmal gewagt, zu atmen!

Noch zweimal zogen die Dorfbewohner aus, um den Drachen zu erlegen, doch auch die beiden weiteren Male blieb ihre Jagd erfolglos. Die Menschen beschlossen, vorerst das Suchen einzustellen

und stattdessen das Dorf mit einem Wall aus Spitz-
pfählen zu befestigen und für alle ausreichend Bögen, Pfeile und Wurfspeere zu schnitzen, damit
man sich wehren könne, falls der Drache wieder-
kam.

Nun gab es einen kleinen, schrecklich neugie-
rigen und sehr mutigen Jungen im Dorf, der hieß
Tanilo. Tanilo freute sich insgeheim, dass die Männer den Drachen nicht gefunden hatten, denn er
wollte nicht, dass man den Drachen so einfach töte-
te. Er träumte, ganz im Gegenteil, davon, den Drachen einmal aus der Nähe betrachten zu können...
aber lebend, ein lebender Drache war doch viel interessanter als ein erlegter Drache! Tanilo dachte
nach. So ein Drache war natürlich überaus gefährlich, denn man wusste ja nicht, welche Absichten er
hatte. Aber irgendwie glaubte er nicht daran, dass
der Drache Böses im Schilde geführt hatte, als er
zum Dorf gekommen war, denn sonst hätte er ja
mit Leichtigkeit das Dorf wirklich in Brand stecken
können. Tanilo war ein heller Kopf und gar nicht
dumm.

Tanilo überlegte. Wie konnte er es anstellen, den Drachen ohne Gefahr für sein eigenes Leben anzuschauen? Das Beste und Sicherste wäre es, dachte er, wenn er den Drachen betrachten könnte, während dieser fest schlief. Dann wäre der Drache auf jeden Fall ungefährlich. Doch natürlich musste Tanilo den Drachen erst einmal ausfindig machen. Ob er mehr Glück bei der Suche haben würde als die Erwachsenen? Tanilo beschloss, in dieser Nacht heimlich fortzuschleichen und den Drachen zu suchen.

Als seine Mutter abends das Licht ausknipste, tat der Junge so, als ob er schon eingeschlafen sei. Die Mutter verließ zufrieden sein Zimmer, und Tanilo hoffte, dass seine Eltern bald schlafen gehen würden. Tanilo tappte mit nackten Füßen, noch immer im Schlafanzug, zur Zimmertür und lauschte angestrengt nach unten. Als es schließlich ruhig im Hause wurde, da zog sich Tanilo leise an, schlich die Treppe hinab und witschte zur Haustür hinaus. Flink wie ein Wiesel huschte er unbemerkt Richtung Waldesrand.

Der Mond schien hell, und so konnte Tanilo sich trotz der Dunkelheit im Wald leicht zurechtfinden. Er hatte keine Angst. Er lief eine Weile die Pfade entlang, die er vom Pilzesammeln kannte. Dann folgte er dem kleinen Fluss, der sich friedlich murmelnd durch den Wald schlängelte. Er dachte, dass bestimmt auch Drachen gelegentlich Wasser trinken müssen, und so vermutete er die Drachenhöhle in der Nähe des Flusses.

Der kluge Tanilo hatte mit seiner Vermutung Recht. Die gesuchte Felsenkammer des Drachen lag zwar über eine Wegstunde zu Fuß entfernt vom Dorfe, und Tanilo war vom Wandern schon etwas müde geworden. Doch tatsächlich befand sie sich in der Nähe des Flusses, der inzwischen breiter und reißender geworden war und jetzt mit seinem Glucksen und Plätschern laut durch die Nacht rauschte.

Die Höhle wölbte sich hinter einem großen, buckligen, bewaldeten Hügel und einigen bizarr geformten Findlingen tief in einen Felsen hinein. Der Eingang auf der Rückseite des Hügels war gut versteckt durch mehrere sturmschiefe Bäume und struppiges Gesträuch. Zwar waren die Männer des Dorfes bei ihrer Suche nach dem Drachen ebenfalls auf die Idee gekommen, den Fluss abzusuchen. Da aber die Höhle vom Fluss aus nicht zu sehen war, hatten die Männer sie nicht gefunden.

Jetzt, in der Nacht, hörte man den Drachen leise schnarchen, und man sah auch, wenn man genau hinschaute, feine Dampfwolken im Mondlicht über dem Hügel hin und her wabern. Die kamen aus der warmen Nase des schlafenden Drachen. Sie quollen wie Nebelschwaden aus dem Eingang der Höhle hervor und wallten weiter, hoch hinaus in die eisige Nachtluft. Der Drache benahm sich offensichtlich nachts etwas auffälliger als bei Tage, doch das war ihm sicherlich nicht bewusst.

Tanilo spitzte die Ohren und folgte dem schnarchenden Geräusch, das man plötzlich in der Nähe des Hügels trotz des lärmenden Flusses hören konnte, und er sah schließlich auch den Dampf, der hinter dem Hügel hervorkam. Sein Herz machte einen Sprung vor Freude: Er hatte den Drachen gefunden, und der schlief ganz eindeutig tief und fest!

Vorsichtig schob Tanilo das Gestrüpp am Eingang beiseite und betrat die Höhle. Es war fürchterlich dunkel darin, aber zum Glück wenigstens warm, denn Tanilo war schon ganz durchgefroren vom Laufen im Wald in der Nacht. Nun dachte Tanilo mit Bedauern daran, dass er ein Öllämpchen und Zündhölzer in seinem Zimmer hatte. Leider hatte er vor lauter Aufregung völlig vergessen, etwas mitzunehmen, womit man in einer Höhle Licht machen konnte. Jetzt hätten ihm solche Dinge gute Dienste leisten können, denn obwohl man den Drachen deutlich hörte und auch ein wenig seinen feurig-qualmigen Atem riechen konnte, so sah man doch in der Tiefe des Felsenkellers absolut gar nichts. Wie gern hätte Tanilo jetzt den Drachen betrachtet! Andererseits hätte ein plötzlich aufflackernder Feuerschein den Drachen vielleicht in seinem Schlaf gestört und ihn aufgeweckt. Es war doch ganz gut so, dass er keine Lampe und auch keine Fackel dabeihatte, dachte der Junge. Tanilo beschloss, einfach bis zum Anbruch des Morgengrauens zu warten, damit er wenigstens ein kleines Bisschen von dem Drachen sehen könnte, wenn die ersten fahlen Sonnenstrahlen in den Höhleneingang hineinscheinen würden. Er müsste nur rechtzeitig verschwinden, bevor der Drache erwachte. Tanilo kauerte sich also, nachdem er diesen Plan gefasst hatte, an die Felsenwand, lehnte sich zurück und schloss ein wenig die Augen, um sich auszuruhen. Bald darauf jedoch war Tanilo eingeschlafen in der warmen Höhle.

Als die ersten Vögel zu singen anfingen, schlug der kleine Drache, noch müde, ein Auge auf. Da sah er Tanilo friedlich schlummernd am Rand seiner Höhle sitzen. Der Drache schlug nun verwundert auch sein zweites Auge auf und zwinkerte ein paar Mal, denn er konnte kaum glauben, was er vor sich sah. Vorsichtig schnupperte er ein bisschen an dem Jungen herum. Ohne Frage, das war ein kleines, schlafendes Menschenkind! Der Junge rührte sich nicht, und so ließ der Drache ein bisschen warmen Dampf aus seiner Nase zischen. Das machte ein Geräusch, und tatsächlich, der Junge wachte nun langsam auf und reckte sich.

„Guten Morgen", sagte der Drache. Tanilo zuckte zusammen und sah erschrocken, dass er in der Höhle fest eingenickt war und dass der Drache ihn nun, völlig wach und überhaupt nicht mehr schlafend, aus großen, traurigen Augen anschaute. Tanilo konnte im ersten Moment nichts sagen, aber nach einem kurzen Moment dachte er, dass der Drache gar nicht gefährlich aussah.

„Guten Morgen", wiederholte der Drache, und er bemühte sich, so zu sprechen, dass möglichst wenig Qualm aus seinen Nüstern oder Ohren austrat, denn er wollte den Jungen nicht erschrecken.

„Hallo, guten Morgen", erwiderte nun auch Tanilo, etwas ermutigt, weil der Drache so freundlich guckte. „Ich wollte dich besuchen kommen, weil ich noch nie einen Drachen gesehen habe."

„Oh, das ist aber schön, ich habe sehr selten Besuch. Alle haben Angst vor mir", sagte der Drache.

„Ja, ich weiß", antwortete Tanilo. „Die Leute aus meinem Dorf denken, du bist eine Gefahr für uns. Sie haben nach dir gesucht. Sie wollten dir an den Kragen."

Der Drache senkte bekümmert den Kopf und seufzte. Tanilo sah ihn aufmerksam an. „Du siehst aber gar nicht gefährlich aus", fuhr Tanilo zögernd fort. „Bist du denn gefährlich?", fragte er dann.

„Oh", sagte der Drache, „ich glaube, ich habe mehr Angst vor euch als ihr vor mir! Ich wollte euer Dorf doch bloß besuchen kommen, um nicht immer so allein zu sein, aber jetzt fürchten sich alle und wollen mich umbringen. Das ist schrecklich!", sagte der Drache.

„Ach, mach dir nicht so viele Sorgen, die Leute werden sich schon wieder beruhigen. Und dein Versteck ist wirklich gut, da wird dich keiner so schnell finden", meinte Tanilo.

„Ja, meinst du?", fragte der Drache. „Da bin ich aber erleichtert. Ach, wenn ich doch nur ein bisschen Gesellschaft hätte! Wenn mir nicht alle Wesen ausweichen würden, dann wäre das Leben nicht so schwer für mich. Es ist doch gar nicht schön, immer nur auf sich selbst gestellt zu sein", klagte er mit heiserer Stimme. Tränen bildeten sich in seinen goldfarbenen Drachenaugen.

„Nicht weinen! Jetzt bin ich ja da!", sagte Tanilo. „Willst Du mit mir spielen?"

„Oh jaaaa...", sagte der Drache, plötzlich ganz froh geworden, und Tanilo sah zum ersten Mal in seinem Leben, wie es aussieht, wenn junge Drachen lachen. Breit zogen sich die Lefzen des kleinen Drachen nach hinten, man sah seine weißen Drachenzähne, und aus seinem Maul brachte er ein lustiges, lautes Glucksen hervor, das, mit Qualmwölkchen vermengt, fröhlich an den Felswänden widerhallte.

So krochen beide aus der Höhle und spazierten zum Fluss, um die Fische dort anzugucken und Steine zu sammeln. Die Steine, die Tanilo fand, konnte der Drache mit einem kleinen Feuerstoß erhitzen, so dass sie ganz warm waren, wenn man sie anfasste. Die beiden überlegten auch, ob man wohl Fische auf den Nüstern des Drachen braten könnte, und der Drache sagte, dass Tanilo das nächste Mal eine Angel mitbringen sollte, dann könnte man das gleich ausprobieren. Natürlich musste der Drache vorführen, wie er Feuer spucken konnte, und er ließ Tanilo auch eine Runde auf seinem Rücken fliegen. Das war aufregend! Tanilo musste sich ganz schön in den glänzenden Drachenschuppen festkrallen, um nicht herunterzufallen, wenn der kleine Drache in die Kurve ging.

Tanilo versprach, bald mit ein paar Freunden wiederzukommen.

„Ich bringe nur diejenigen mit, die sich garantiert nicht vor dir fürchten!", sagte Tanilo. Der Junge wollte natürlich nicht, dass dem Drachen etwas passierte. Er musste jetzt auf ihn achtgeben und sehr gut abwägen, wem er getrost die Drachenhöhle zeigen konnte und wem nicht.

„Auf mich hören die meisten Erwachsenen leider nicht, weil ich noch ein Kind bin. Aber es gibt auch einige Leute in unserem Dorf, die nicht ganz so verbohrt sind und die mir glauben werden. Die will ich dir herführen!", erklärte Tanilo feierlich.

Und der Junge hielt sein Versprechen. Von nun an war der Drache nie mehr allein. Fast jeden Tag kamen Tanilo und seine Freunde zu Besuch. Viele von ihnen waren natürlich Kinder, so wie Tanilo. Aber es waren auch ein paar Ältere dabei, die nun die allergrößte Freude daran fanden, mit dem Drachen ein paar Runden über die Bäume zu fliegen, um die Welt aus einer neuen Perspektive zu betrachten.

Und somit blieb es für lange Zeit allein diesen Mutigen vorbehalten, die Erfahrung zu machen, wie wundervoll es ist, einen echten Drachen zu kennen.

EPILOG

(NEIN... DAS BUCH IST NOCH NICHT GANZ ZU ENDE. DIE GESCHICHTE VON DER ZAUBERFEE GEHT WEITER!)

Also...

Es war einmal eine gläserne Zauberfee, die lag unbewegt und still unter einer großen Eiche im Walde. Sie hatte sich dort ausgestreckt in wildem Herzweh, denn der Prinz, den sie einst im Moos gefunden und wachgeküsst hatte, hatte trotz ihrer unendlich großen Liebe eine andere zur Frau genommen.

„Diese Hochzeit kann nur ein Irrtum sein", hatte sie damals gesagt. „Ich will nie mehr aufstehen, bis der Prinz mich findet und mich wachküsst, so wie ich ihn wachgeküsst habe, denn ich habe in seinen Augen gesehen, dass auch er mich liebt." Das war unvorsichtig von der kleinen Zauberfee gewesen, denn schließlich war sie eine echte Fee und bekanntlich gehen Wünsche von Feen meistens in Erfüllung.

Da sie sich nun selbst verwünscht hatte und sich nicht mehr rühren konnte unter ihrem Glase, blieb sie so jung und schön und verzweifelt, wie sie an dem Tage gewesen war, als sie auf den Ball im Schloss gegangen war und wo sie den Prinzen mit seiner jungen Frau hatte tanzen sehen. Und auch ihr Ballkleid war noch so frisch und schön wie an jenem Tag.

Wenn der Prinz Kummer hatte, kam er über Jahr und Tag manchmal hin zu der kleinen gläsernen Zauberfee und legte seine warme Hand auf ihre kühle gläserne Hand. Dann konnte er die Liebe spüren, die im Glase gefangen war, und diese Liebe floss auf ihn über und heilte seine Traurigkeit. Noch nie jedoch hatte er die kleine Zauberfee geküsst, denn er wusste nichts von dem Fluch, mit dem sich die kleine Zauberfee selbst verzaubert hatte.

Es verging ein Jahrzehnt und noch ein zweites, und am Ende des dritten Jahrzehnts geschah es, dass der Kummer des Prinzen besonderer Natur war. Tränenüberströmt warf er sich neben der gläsernen Zauberfee unter die Eiche.

„Ach, kleine Fee, wenn du wüsstest! Meine schöne, liebe Frau ist mir mit ihrem gesamten Hofstaat davongelaufen. Sie wollte nicht mehr auf meinem Schlosse mit mir leben. Unsere Kinder sind groß, und sie möchte jetzt eigene Abenteuer erleben. Nun zieht sie hinaus in die Welt, wie es sich doch eigentlich für eine Königin nicht gehört. Sollte sie nicht bei mir, ihrem König bleiben? Nie habe ich ihr ein Leid zugefügt, nie ein schlechtes Wort zu ihr gesagt. In Ehren habe ich sie gehalten und doch ist sie fort gegangen von mir. Ach, wie soll ich nur ohne sie leben?", klagte leise der Prinz. Und als er die Fee dort so liegen sah, bemerkte er zum ersten Mal den wehen, bitteren Zug um ihre Mundwinkel.

„Ach, kleine Fee, warst du wohl auch traurig an jenem Tage, als du verwünscht wurdest?", fragte er. Er wusste nicht, dass die Fee seinetwegen so unglücklich gewesen war, aber er begann es zu ahnen. Er hatte all die Jahrzehnte lang nie mehr über den Tag, an dem er die Fee getroffen hatte, nachgedacht.

„Ach, kleine Fee, habe ich dir etwa damals ein Herzeleid getan, als ich dich wohl mit tiefem Blicke ansah, aber mich dann doch mit einer anderen vermählte?", sprach der Prinz weiter zu der Fee.

Nun betrachtete er die Fee genau, und es war so, als würde er durch sein eigenes Leid das Leid der anderen klarer sehen. Es war, als würde ein Schleier von seinen Augen genommen.

„Verzeih mir, falls es so war, denn ich war blind", murmelte der Prinz. Und er küsste die gläserne Fee, ohne viel nachzudenken. Oh, welch ein Schaudern und Zittern fuhr plötzlich durch den Leib der Zauberfee, ihre Lippen erbebten, ein Atemzug zog sich tief in ihre Brust, sie bäumte sich auf und schlang die Arme um den Prinzen, um ihn wild zurückzuküssen.

Erschrocken erwiderte der Prinz den Kuss. Die Hand der Zauberfee fuhr im Kusse durch sein grau gewordenes Haar.

„Bist du endlich zu mir gekommen?", fragte die Fee. Da sah sie plötzlich, wie alt der Prinz geworden war. Er war ein König mit müden Augen, welker Haut und er war gezeichnet von einem Leben in Freud und Leid mit seiner Königin - ein Leben, das nun schon fast hinter ihm lag.

„Wer bist du, dass du mich so lange warten ließest? Was weißt du vom Wesen der Liebe?", fragte die Zauberfee weiter und schaute dem Prinzen, der ein alternder König geworden war, prüfend in die Augen.

Und da verstand sie, dass er sein Leben gelebt hatte. Doch sie hatte das Leben, das sie mit dem Prinzen hatte leben wollen, nur geträumt. Der Traum war wundervoll gewesen und leidenschaftlich und verzweifelt, und was sie ihm einst hatte sein wollen, konnte sie ihm nicht mehr geben. Denn seine Lebenszeit war fast abgelaufen, das sah sie genau. Sie war ja schließlich eine Zauberfee. Er war wie der Herbst, der sich dem Winter zuneigt, und für sie war es noch immer Frühling.

„Geh zurück in dein Schloss, lieber Prinz", sagte sie. „Wenn du einsam bist, werde ich dich jeden Tag besuchen kommen. Ich will dein Frühling im Winter sein, und das wird dich trösten und dir über deinen Kummer hinweghelfen. Ich werde deinen Kopf in meinem Schoße halten, wenn dein letzter Tag gekommen ist und der Tod uns trennt. Und das wird mir zum Trost gereichen über die verlorene Zeit." Das war ein trauriges, aber sehr schönes Versprechen.

Da bliesen die Jagdhörner der Schlossgesellschaft. Der Jäger des Königs kam mit seiner Schar angeritten.

„Herr König, Herr König, die Königin ist zurück!", rief er aufgeregt. „Sie ist müde von ihrer Reise und bittet Euch, sie wieder im Schlosse aufzunehmen."

Die Augen des alten Königs leuchteten, er sprang auf, beachtete die kleine Zauberfee nicht mehr und ritt auf dem Pferd, das der Jäger für ihn mitgebracht hatte, davon, ohne sich noch einmal umzusehen.

Und so stand die kleine Zauberfee ebenfalls auf, strich sich die Zweiglein und Blätter der Eiche aus dem Kleide, blickte der sich entfernenden Jagdgesellschaft hinterher und seufzte.

„So ein verflixter Trampel aber auch! Na dann… Sei glücklich mit deiner Königin auch in deinem Winter, mein Prinz!", murmelte sie. Sie ließ ihn ziehen. Was blieb ihr auch anderes übrig? Sie beschloss, in Zukunft nur noch den zu lieben, der sie zurückliebte. Möge ihr das gelingen! Wollen wir hoffen, dass ihr dieser Eine begegnet. Und wollen wir hoffen, dass sie ihren guten Vorsatz nicht wieder vergisst. Denn die Liebe ist ein mächtig Ding, und auch eine Zauberfee hat nur ein einziges Herz.

Danksagung

Vielen Dank Euch allen, die Ihr mich in dem Vorhaben, „Die Katze mit dem abgebissenen Ohr" zu veröffentlichen, unterstützt habt!

In besonderem Maße dankbar bin ich Philipp Freiherr von Schenck, Judith Lange, Katrin Meissner, Sigrun Deutschler und meiner Mutter für das ausgiebige Probelesen der ersten Manuskriptfassungen und die stets konstruktive und inspirierende Rückmeldung. Ich danke auch allen Lektoren, welche sich das Manuskript wohlwollend angeschaut und mir wertvolle Hinweise für die endgültige Umsetzung des Buchprojekts mit auf den Weg gegeben haben.

R.B.

Berlin, im Dezember 2016

Ihr Freunde, all meine Lieben!
Mein Engel und mein letzter Planet!
Und Du, mein Herz, mein Licht!
Von meiner Seite weichet nicht!
Begleitet mich auf Eure unverwechselbare Weise
auf dieser abenteuerlichen Reise!